Thomas Böhm

Grundkurs Schulrecht I

2., vollständig überarbeitete Auflage

Thomas Böhm

Grundkurs Schulrecht I

Was müssen Lehrkräfte rechtlich beachten?

Zentrale schulrechtliche Fallbeispiele für die Praxis

2., vollständig überarbeitete Auflage

Carl Link

Abgeschlossen nach dem Rechtsstand vom 1. September 2016

Bibliographische Information der Deutschen Nationalbibliothek
Die Deutsche Nationalbibliothek verzeichnet diese Publikation in der Deutschen Nationalbibliografie; detaillierte bibliografische Daten sind im Internet über **http://dnb.d-nb.de** abrufbar.

Art.-Nr. **07110000** – (ISBN 978-3-556-07110-6)

Verantwortlich:
Carl Link
Güterstraße 8, 96317 Kronach
E-Mail: info@wolterskluwer.de
Internet: www.wolterskluwer.de
www.schulverwaltung.de
www.carllink.de

Satz: MainTypo, Reutlingen
Druck: Williams Lea & Tag GmbH, München

Vorwort

In einem Rechtsstaat beruht schulisches Handeln auf rechtlichen Grundlagen. Pädagogisches Handeln ist immer auch Rechtsanwendung, und Rechtsanwendung ist im Schulrecht ohne pädagogische Überlegungen und Entscheidungen unmöglich. Trotz der unauflösbaren Verbindung von Schule und Recht wird das Schulrecht in der Lehrerausbildung vernachlässigt, und viele Pädagogen verdrängen seine Bedeutung für die schulische Praxis, da sie sich unsicher fühlen beim Umgang mit dem Recht. Der Grundkurs Schulrecht möchte daher an den Umgang mit Normen und Rechtsbegriffen heranführen und zugleich die bundesweit geltenden Regelungen, Grundbegriffe und Grundstrukturen des Schulrechts vermitteln. Dieses Vorhaben wird erleichtert durch die weitgehende Übereinstimmung der Grundlagen des Schulrechts in Deutschland. Eine vereinheitlichende Wirkung üben dabei insbesondere die Grundrechte, die Grundbegriffe des Verwaltungsrechts und die Rechtsprechung aus. Die zitierten Gerichtsentscheidungen entsprechen dabei unabhängig vom Sitz des jeweiligen Gerichts der Rechtslage in allen Bundesländern. Die teilweise erheblichen Abweichungen bei den Schulformen und Schularten sowie Unterschiede bei der inhaltlichen Gestaltung des Unterrichts spielen bei der Erörterung schulrechtlicher Grundlagen keine Rolle.

Ziel des Grundkurses Schulrecht ist nicht eine möglichst umfassende Darstellung des gesamten deutschen Schulrechts, sondern eine Einführung in das Schulrecht und die Förderung des Verständnisses der Pädagogen für die rechtliche Dimension ihres Handelns.

Diese zweite Auflage des Grundkurses wurde vollständig überarbeitet. Zahlreiche neue Gerichtsentscheidungen fanden Berücksichtigung und die Grundrechte der Eltern und Schüler, die Schulpflicht, insbesondere von Flüchtlingen mit unterschiedlichem Rechtsstatus, die Inklusion und der Rechtsschutz im Dienstverhältnis der Lehrer werden ausführlich behandelt.

Für eine weiterführende Lektüre sei allen, die über die aktuelle Entwicklung der Rechtsprechung zum Schulrecht informiert sein wollen, die Zeitschrift „SchulRecht“ empfohlen, der nahezu jede im Grundkurs zitierte Gerichtsentscheidung entnommen wurde.

Dr. Thomas Böhm
Hattingen, im September 2016

Hinweise zur Benutzung dieses Buches:

F = Ausgangsfall/Praxisfall zur Erläuterung eines Rechtsproblems

Rechtslage: Der geschilderte Fall kann z. B. auf der Grundlage einer Gerichtsentscheidung eindeutig beurteilt werden.
Lösung: Ein Sachverhalt wird nicht rechtlich beurteilt, sondern eine anderweitige Aufgabenstellung, z. B. eine methodische Übung, bearbeitet.
Lösungshinweise: Es sind Alternativen zu der angebotenen Lösung vertretbar.
Aufgabe: Die eigenständige Bearbeitung einer komplexen Problematik wird angeregt.

Inhaltsverzeichnis

Verzeichnis der Praxisfälle

I Der Umgang mit schulrechtlichen Normen und Vorschriften

Das Schulrecht unterscheidet sich von zahlreichen anderen Rechtsgebieten durch die hohe Zahl unbestimmter Rechtsbegriffe und Ermessensnormen. Ein Rechtsbegriff wird als unbestimmt bezeichnet, wenn sich kein klarer Sachverhalt angeben lässt, der den Inhalt des Begriffes ausmacht. Vielmehr muss der Begriffsinhalt jeweils bei der Anwendung auf einen konkreten Sachverhalt festgestellt werden. Bei einer Ermessensnorm liegt die Entscheidung, ob und ggf. auch wie gehandelt wird, bei der Schule (zu Ermessensnormen siehe Kapitel II. 6. Gesetzliche Standardformulierungen).

Beispielhaft für unbestimmte Rechtsbegriffe und ein schulisches Ermessen sind die Regelungen zu den Ordnungsmaßnahmen. In den entsprechenden Normen der Länder wird nicht ein bestimmtes Fehlverhalten beschrieben, auf das die Schule mit festgelegten Ordnungsmaßnahmen zu reagieren hat, sondern als Voraussetzung wird z. B. die „Gefährdung der Sicherheit von Personen" (unbestimmter Rechtsbegriff) genannt und die Schule „kann" (Ermessen) mit Ordnungsmaßnahmen reagieren.

Die Unbestimmtheit dieser und anderer schulrechtlicher Regelungen erschwert gelegentlich die Anwendung und erfordert bei einzelnen Entscheidungen einen höheren Begründungsaufwand. Sie stellt aber die einzige Möglichkeit dar, angesichts der unüberschaubaren Vielfalt schulischer Situationen und der Notwendigkeit, pädagogische Gesichtspunkte berücksichtigen zu müssen, die erforderliche Entscheidungsfreiheit der Schulen zu sichern.

Anwendungsprobleme bei Gesetzestexten ergeben sich entgegen einer gelegentlich anzutreffenden Auffassung nicht aus zu komplizierten und undurchschaubaren Formulierungen, auch wenn sich der Stil der Gesetzessprache sicherlich an einigen Stellen deutlich verbessern ließe, sondern aus der Unkenntnis der Struktur gesetzlicher Normen und ihrer Auslegungsbedürftigkeit *(→ Ingo Warnke: Warum sind Gesetzestexte schwer verständlich? In: SchulRecht 9/2000, S. 147–150)* sowie der Unkenntnis der Festlegung des Normverständnisses durch die Rechtsprechung.

1 Grammatische und systematische Auslegung

Der generelle und abstrakte Charakter rechtlicher Normen und Vorschriften bedingt die Notwendigkeit, bei der Beurteilung eines konkreten Falles die Einzelheiten des konkreten Lebenssachverhalts und die generellen und abstrakten Merkmale der Norm in Übereinstimmung zu bringen. Diese Prüfung, ob der Lebenssachverhalt von der Norm erfasst wird, bezeichnet man als Subsumtion. Bei dieser Anwendung des Gesetzes auf einen konkreten Fall entscheidet sich, ob der Gesetzgeber die in einer Norm verwendeten Begriffe sowohl weit als auch eng genug gefasst hat, um sinnvolle Entscheidungen zu ermöglichen.

Ausgangspunkt der Auslegung sind der Wortlaut der Vorschrift und die Wortbedeutung der einzelnen Merkmale des Tatbestandes. Bei der Wortbedeutung geht man zunächst von der Umgangssprache aus, es sei denn, das Tatbestandsmerkmal wäre in einem Gesetz ausdrücklich definiert. Stellt sich z.B. die Frage, ob die Ohrfeige, die ein Lehrer einem Schüler gegeben hat, eine Körperverletzung darstellt, ist der **§ 223 Absatz 1 StGB** zu beachten, der den Begriff der Körperverletzung näher definiert: „Wer einen anderen körperlich misshandelt oder an der Gesundheit beschädigt, wird ... bestraft."

Auch wenn die systematische Auslegung, also die Auslegung nach dem Normzusammenhang, hier eine Hilfestellung beim Verständnis des Begriffs der Körperverletzung bietet, indem sie zu § 223 Absatz 1 StGB führt und damit entweder eine körperliche Misshandlung oder eine Gesundheitsbeschädigung als Voraussetzung für eine Körperverletzung nennt, sind diese beiden Merkmale nun ihrerseits wieder auslegungsbedürftig. In vielen Fällen führt die systematische Auslegung nicht zu einer Begriffsdefinition in einer Gesetzesnorm, z.B. ist der Begriff der „Gefährdung der Sicherheit von Personen oder der schulischen Ordnung" als Voraussetzung für eine Ordnungsmaßnahme in keiner Norm der Schulgesetze der Länder näher definiert.

Bei der Auslegung eines Begriffes sind in der Regel eine engere und eine weitere Wortbedeutung zu unterscheiden. So wird man auch bei einer sehr engen Auslegung bei einem Faustschlag, der das Nasenbein eines anderen bricht, ohne Zweifel von einer körperlichen Misshandlung und einer Gesundheitsbeeinträchtigung sprechen. Ist es aber auch noch als körperliche Misshandlung anzusehen, wenn jemandem ein heftiger Schlag auf die Schulter versetzt wird, der weder Schmerzen verursacht noch zu sichtbaren körperlichen Reaktionen wie blauen Flecken führt, trotzdem aber vom Betroffenen als unerwünschte körperliche Einwirkung empfunden wird?

Noch schwieriger wird die Entscheidung über die Wortbedeutung bei den im Schulrecht häufigen, unbestimmten Rechtsbegriffen wie „Sicherheit", „Gefahr" und „schulische Ordnung".

2 Sinn und Zweck der Norm

Über die Wahl einer engen oder weiten Wortbedeutung entscheidet – falls sich in anderen Normen keine Definitionen oder sonstige Hinweise auf das richtige Verständnis des Tatbestandsmerkmals finden – der Sinn und Zweck der Norm. Der Sinn und Zweck erschließt sich häufig erst nach längerer, eingehender Prüfung.

So führt das Verwaltungsgericht Braunschweig zum Begriff der Gefährdung der Sicherheit von Menschen anlässlich der Verhängung einer Ordnungsmaßnahme wegen Erpressung von Mitschülern aus *(→ Az.: 6 B 61542/96; SchulRecht 2/1997, S. 26):*

„Nach § 61 NSchG kann bei einer groben Pflichtverletzung eines Schülers als Ordnungsmaßnahme auch ein Ausschluss vom Unterricht verhängt werden, wenn der Schüler die Sicherheit von Menschen ernstlich gefährdet hat ... das Gesetz (will) insoweit nicht lediglich die körperliche Integrität von Menschen schützen. Eine dahingehende Begrenzung des Schutzobjekts ist weder von der sprachlichen Fassung noch vom Sinn des Gesetzes nahegelegt. Die Sicherheit von Menschen umfasst nach allgemeinem Sprachgebrauch insbesondere auch ein entsprechendes (Sicherheits-)Gefühl, das jedenfalls in dem Maße nicht mehr gewahrt ist, wie Gefahr besteht, persönlich Opfer krimineller Machenschaften zu werden. Zumindest bei Erpressungsopfern ist diese Sicherheit regelmäßig erschüttert. In diesem Sinne hat der Schüler bereits durch seine erste Geldforderung die Sicherheit seines Mitschülers ... ernsthaft nicht nur gefährdet, sondern beeinträchtigt."

Ordnungsmaßnahmen sollen die Erfüllung des schulischen Bildungs- und Erziehungsauftrages sicherstellen. Ein enges Verständnis der Wortbedeutung der Begriffe „Sicherheit" und „Gefahr" entspräche offensichtlich nicht diesem Sinn und Zweck der Ordnungsmaßnahmen.

In bestimmten Fällen ist es sogar denkbar, dass sich die Auslegung über den eindeutigen Wortlaut einer Vorschrift unter Berufung auf den Sinn und Zweck der Norm hinwegsetzt.

Unter Berufung auf eine Auslegung nach dem Sinn und Zweck einer Norm darf aber nicht der Versuch unternommen werden, die eigenen Überzeugungen einfach in das Gesetz hineinzuinterpretieren. Vielmehr sollte ein Zusammenwirken aller Auslegungsmethoden zu einer mehrfach abgesicherten und gut begründeten Entscheidung führen.

Aufgabe:
Entscheiden Sie bei den in der folgenden Übersicht geschilderten Situationen, ob das Tatbestandsmerkmal „körperliche Misshandlung" bei der Wahl einer engen oder nur bei einer weiten Wortbedeutung zu bejahen ist und ob die Wahl einer weiten Wortbedeutung dem Sinn und Zweck der Norm – die körperliche Unversehrtheit und die Gesundheit zu schützen – entspricht.

Situation:	**Wortbedeutung körperliche Misshandlung**		Zweck: Schutz der körperl. Unversehrtheit	Ergebnis: Körperverletzung
	eng	weit		
1) Lehrer L hält den an ihm vorbeilaufenden Schüler S am Arm fest. S, dem der Griff unangenehm ist, versucht, sich zu befreien.				
2) Lehrer L ohrfeigt den Schüler S.				
3) L packt den S am Arm und schüttelt ihn heftig. S erleidet einen Bluterguss.				
4) L schlägt S während des Unterrichts mit seinem Notenbuch leicht auf den Kopf und sagt: „Stell Deine Privatgespräche ein!"				
5) L prüft den S während des Unterrichts und tippt dabei immer wieder leicht mit dem Zeigefinger an den Oberarm des S. Diese Gesten begleitet er mit ironischen Bemerkungen, die den S dem Gespött seiner Mitschüler aussetzen.				

Lösungshinweise:

Liegt ein Tatbestandsmerkmal schon bei der Wahl einer engen Wortbedeutung vor, erübrigen sich in aller Regel nähere Überlegungen zum Sinn und Zweck einer Norm. So liegt in den Fällen 2 und 3 auch bei einer engen Wortbedeutung eine Körperverletzung vor.

Ist wie in Situation Nummer 1 auch bei weiter Wortbedeutung das Verhalten des L nicht als körperliche Misshandlung zu werten, scheidet die Anwendung einer strafrechtlichen Norm aus, da im Strafrecht der Grundsatz gilt: „Eine Tat kann nur bestraft werden, wenn die Strafbarkeit gesetzlich bestimmt war, bevor die Tat begangen wurde." (Artikel 103 Absatz 2 GG). Wegen des Artikels 103 Absatz 2 Grundgesetz verstößt eine über den Wortlaut einer Strafrechtsnorm hinausgehende Auslegung gegen das Grundgesetz .

In anderen Rechtsgebieten – so auch dem Schulrecht – kann eine Norm dagegen auch dann auf einen Sachverhalt angewandt werden, wenn sie ihrem Wortlaut nach nicht anwendbar ist, falls die Anwendung dem Sinn und Zweck der Norm entspricht. Pädagogen sollten sich in der Regel nur zu einer vom Gesetzeswortlaut nicht gedeckten Anwendung eines Gesetzes entschließen, wenn sie sich dabei auf schulrechtliche Lehrbücher oder Kommentare stützen können. An die Begründung sind dabei hohe Anforderungen zu stellen.

In den Situationen 4 und 5 ist es fraglich, ob eine körperliche Misshandlung bei weiter Wortbedeutung zu bejahen ist. Wünschenswert wäre eine genauere Definition des Begriffs der körperlichen Misshandlung. Eine solche Definition ist von der Rechtsprechung entwickelt worden: „Unter körperlicher Misshandlung ist eine üble unangemessene Behandlung, durch die das Opfer in seinem körperlichen Wohlbefinden in mehr als nur unerheblichem Grade beeinträchtigt wird, zu verstehen". *(BGHZ 25, 277)*

Auch bei einer solchen Definition ist wie bei einer gesetzlichen Norm das Vorliegen eines jeden Merkmals anhand des Sachverhaltes zu überprüfen. In Situation Nummer 4 ist der leichte Schlag mit dem Notenbuch sicherlich keine üble und unangemessene Behandlung, und er beeinträchtigt den S auch keineswegs mehr als nur unerheblich in seinem körperlichen Wohlbefinden. Eine Körperverletzung liegt daher auch dann nicht vor, wenn man eine weite Wortbedeutung zu Grunde legt.

In der Situation Nummer 5 könnte man eine üble, unangemessene Behandlung bejahen, müsste aber wohl davon ausgehen, dass sie den S nicht mehr als nur unerheblich in seinem körperlichen Wohlbefinden beeinträchtigt. Ob in diesem Falle eine Körperverletzung zu bejahen ist, ist umstritten.

Eine in der juristischen Literatur vertretene Auffassung geht davon aus, Misshandlung sei auch bei einer objektiv ganz unerheblichen Einwirkung auf den Körper anzunehmen, sofern sie von einer Gesinnung getragen sei, die den Vorgang als üble, unangemessene Behandlung charakterisiere (z. B. absichtliches Anrempeln).

Die Gegenmeinung weist darauf hin, dass rein seelisches Misshandeln nach dem eindeutigen Wortlaut des Gesetzes keine Körperverletzung sei, die eine nicht unerhebliche Störung des körperlichen Wohlbefindens oder der körperlichen Unversehrtheit voraussetze.

Bei der Entscheidung dieser Streitfrage spricht für die zweite Auffassung, dass sie die Wortbedeutung nicht über die Grenze der Alltagssprache ausdehnt und dem Zweck des § 223 StGB, vor körperlicher Misshandlung zu schützen, entspricht. Schutz vor unerheblichen körperlichen Einwirkungen, die den Betroffenen bloßstellen und lächerlich machen sollen, bietet ggf. § 185 StGB, der die Beleidigung unter Strafe stellt.

In der Situation Nummer 5 liegt daher nach der hier vertretenen Auffassung keine Körperverletzung im Amt gemäß § 340 Absatz 1 Satz 1 StGB vor.

Lösung:

Situation:	**Wortbedeutung körperliche Misshandlung**		Zweck: Schutz der körperl. Unversehrtheit	Ergebnis: Körperverletzung
	eng	weit		
1) Lehrer L hält den an ihm vorbeilaufenden Schüler S am Arm fest. S, dem der Griff unangenehm ist, versucht, sich zu befreien.	nein	nein	nein	nein
2) Lehrer L ohrfeigt den Schüler S.	Ja	ja	ja	ja
3) L packt den S am Arm und schüttelt ihn heftig. S. erleidet einen Bluterguss.	Ja	ja	ja	ja
4) L schlägt S während des Unterrichts mit seinem Notenbuch leicht auf den Kopf und sagt: „Stell Deine Privatgespräche ein!"	nein	nein	nein	nein
5) L prüft den S während des Unterrichts und tippt dabei immer wieder leicht mit dem Zeigefinger an den Oberarm des S. Diese Gesten begleitet er mit ironischen Bemerkungen, die den S dem Gespött seiner Mitschüler aussetzen.	nein	umstritten	nein	nein

3 Gesetzliche Standardformulierungen

Dem Verständnis gesetzlicher Normen dient neben der Kenntnis der Auslegungsmethoden auch die Kenntnis einiger Standardformulierungen mit festgelegter Bedeutung.

Benehmen/Einvernehmen

Die Schule kann im Benehmen/Einvernehmen mit dem Schulträger Art und Umfang des Angebots an Speisen und Getränken in der Schule festlegen.

„... im Benehmen ..." bedeutet, dass ein Vorgang im Planungsstadium zur Stellungnahme zugeleitet wird, ein Einverständnis aber nicht Voraussetzung für die Wirksamkeit und Rechtmäßigkeit der Maßnahme ist. Angestrebt ist eine Erörterung mit dem Ziel, zu einer Einigung zu gelangen. Die Schule ist verpflichtet, den Schulträger über Art und Umfang des geplanten Angebots an Speisen und Getränken zu informieren, sie kann aber auch ohne Zustimmung des Schulträgers eine Entscheidung treffen.

Die Rechtslage wäre anders, wenn die Schule nur „im Einvernehmen" mit dem Schulträger entscheiden könnte. Die Maßnahme wäre dann nur bei Zustimmung des Schulträgers wirksam und rechtmäßig. Eine Entscheidung könnte die Schule daher nur treffen, wenn der Schulträger zustimmte.

Ermessen

Die Schule „kann" eine eigene Schulordnung erlassen.

Kann-Vorschriften eröffnen die Möglichkeit, darüber zu entscheiden, ob und wie gehandelt wird. Juristisch spricht man von einer Ermessensentscheidung. Die Schule ist also nicht verpflichtet, eine Schulordnung zu erlassen, sie ist aber dazu berechtigt.

Soll-Vorschriften

Einen höheren Verbindlichkeitsgrad hätte die Formulierung: „Die Schule soll eine eigene Schulordnung erlassen."

Soll-Vorschriften verpflichten den Adressaten, lassen aber Ausnahmen in atypischen Fällen zu. Ein Schulträger wird durch eine Soll-Vorschrift verpflichtet, eine Hausordnung zu erlassen, kann aber in Ausnahmefällen davon absehen. Der Umfang dieser Ausnahmen ist für jede Soll-Vorschrift gesondert durch Auslegung, insbesondere unter Berücksichtigung des Sinns und Zwecks der Vorschrift zu ermitteln.

Dieses hohe Maß an Verbindlichkeit einer Soll-Vorschrift gilt für Gesetzestexte. In Verwaltungsvorschriften hat „soll“ dagegen den Charakter einer Beurteilungsrichtlinie von geringerer Verbindlichkeit.

Muss-Vorschriften

„Die Erziehungsberechtigten ... haben die Anmeldung zur Schule vorzunehmen ...“ ist ein Beispiel für eine Muss-Vorschrift, die strikt zu beachten ist. Muss-Vorschriften gelten ausnahmslos, es sei denn, der Gesetzgeber hätte Ausnahmen ausdrücklich zugelassen. Muss-Vorschriften können auch negativ formuliert sein: „Schulfremde Druckschriften dürfen auf dem Schulgrundstück nicht verteilt werden.“ (§ 56 Satz 1SchulG NRW).

II Die Aufsicht des Staates über das Schulwesen

1 Begriff der Aufsicht

Artikel 7 Absatz 1 des Grundgesetzes unterstellt das Schulwesen der staatlichen Aufsicht. „Das gesamte Schulwesen steht unter der Aufsicht des Staates."

Der Begriff der Aufsicht wird von Bundesverfassungsgericht und Bundesverwaltungsgericht in Übernahme der Interpretation des entsprechenden Artikels der Weimarer Reichsverfassung sehr weit gefasst: „... denn es liegen keine Anhaltspunkte dafür vor, dass dieser Begriff unter der Herrschaft des Grundgesetzes einen anderen Inhalt erhalten haben sollte, als zur Zeit der Weimarer Verfassung. Es besteht aber kein Zweifel daran, dass der historische Begriff der Schulaufsicht nicht nur Aufsichtsrechte im engeren Sinne umfasst, sondern dass darunter der Inbegriff der staatlichen Herrschaftsrechte über die Schule nämlich die Gesamtheit der staatlichen Befugnisse zur Organisation, Planung, Leitung und Beaufsichtigung des Schulwesens zu verstehen ist." *(→ BVerwGE 6, 101 [BVerwG 28.12.1957 – BVerwG VII B 9/57]; SPE IBI S. 141–141 c [141 b]).*

Diese Definition des Begriffs der Aufsicht, der sich in gleicher Bedeutung auch in einigen Verfassungen der Länder findet (z.B. Art. 130 LV Bay; Art. 28 LV Brem; Art. 56 Abs. 1 LV Hess; Art. 8 LV NRW), verleiht dem Staat ein äußerst weitreichendes Recht zur Gestaltung und Kontrolle des Schulwesens.

2 Schulpflicht

Das Bundesverfassungsgericht leitet die Schulpflicht unmittelbar aus dem auf Art. 7 Abs. 1 GG beruhenden Erziehungsauftrag des Staates ab. Sie ergibt sich damit als staatsbürgerliche Pflicht aus der Verantwortung des Staates für das Schulwesen. (BVerfG, Az.: 1 BvR 1358/09; SPE 738 Nr. 15) Sie dient dem Allgemeininteresse sowie dem staatlichen Erziehungsauftrag. (VG Ansbach, a.a.O.) Der Schulpflicht entspricht die Pflicht des Staates, allen Schulpflichtigen den Besuch einer öffentlichen Schule zu ermöglichen.

Das Neutralitäts- und Toleranzgebot erlangt angesichts der strikten Schulpflichtregelungen besondere Bedeutung. „Der Staat darf keine gezielte Beeinflussung im Dienste einer bestimmten politischen, ideologischen oder weltanschaulichen Richtung betreiben ..." (BVerfG, Az.: 1 BvR 1358/09; SPE 738 Nr. 15, S. 76)

Die Schulpflicht hängt nicht von der Staatsangehörigkeit ab. Deshalb sind auch Ausländer und Staatenlose schulpflichtig, es sei denn, dem stünden völkerrechtliche Grundsätze oder zwischenstaatliche Vereinbarungen entgegen, wie das zum Beispiel bei Diplomatenkindern der Fall sein kann. (Avenarius, S. 348)

In nahezu allen Bundesländern erstreckt sich die Schulpflicht auf diejenigen Personen im schulpflichtigen Alter, die im jeweiligen Land ihren Wohnsitz oder gewöhnlichen Aufenthalt haben. Von einem gewöhnlichen Aufenthalt im schulrechtlichen Sinne ist auszugehen, wenn im Zeitpunkt des Schulbesuchs eine Beschulung des Kindes für einen sinnvollen Zeitraum möglich erscheint. (VGH Bayern; SPE 723 Nr. 2) Diese Voraussetzung sieht der Verwaltungsgerichtshof Bayern in der Regel dann als erfüllt an, wenn es hinreichend wahrscheinlich sei, dass das betroffene Kind das kommende Schuljahr werde durchlaufen können. Einige Bundesländer wie Bayern, Nordrhein-Westfalen und das Saarland haben gesetzliche Regelungen getroffen, nach denen auch ausreisepflichtige Personen schulpflichtig sind. (Avenarius, S. 349 f.) Schulpflichtig sind auch Asylsuchende, Geduldete und Personen mit einem ungesicherten Aufenthaltsstatus. Für sie endet die Schulpflicht nach den allgemeinen Regelungen des jeweiligen Landes. Soweit ein Schulbesuch nach Erfüllung der Schulpflicht freiwillig erfolgen kann, z. B. bei Beginn eines Berufsausbildungsverhältnisses nach Vollendung des 21. Lebensjahres, gilt das auch für die genannten Personen.

3 Schulformen, Bildungsgänge, Abschlüsse

Der Staat trifft alle grundlegenden Entscheidungen im Schulwesen. Er legt die Schulformen, Bildungsgänge und Abschlüsse fest, bestimmt die Ziele, Inhalte und Methoden des Unterrichts, gilt Erziehungsziele vor, regelt die Größe der Klassen und die Qualifikation der Lehrer.

Der Staat trifft aber nicht nur die grundlegenden Entscheidungen, sondern die Schule als staatliche Behörde hat auch weit reichende Freiheiten bei innerschulischen Organisationsmaßnahmen.

F **Die Laptop-Klasse**

Von den drei Klassen einer Jahrgangsstufe ist eine Klasse als Laptop-Klasse eingerichtet worden. Für die Laptop-Klasse wurde ein Auswahlverfahren per Losentscheid durchgeführt. Eine Schülerin hat im Losverfahren keinen Platz erhalten.

Fallfrage:
Könnte die Schülerin einen Anspruch auf Aufnahme in die Laptop-Klasse oder auf Einrichtung einer weiteren derartigen Klasse haben?

Rechtslage:

Bei der Festsetzung von Klassenstärken und der Zuweisung zu bestimmten Klassen handelt es sich nicht um Verwaltungsakte, sondern um innerschulische Organisationsmaßnahmen (OVG Niedersachsen, Az.: 2 ME 274/13; SchulRecht 3-4/2014, S. 45 ff.): „Der geltend gemachte Anspruch ergibt sich auch weder aus dem durch Art. 2 Abs. 1 GG geschützten Recht auf freie Entfaltung noch aus dem durch Art. 6 Abs. 2 GG gewährleisteten Elternrecht; denn den Rechten der Eltern und Schüler ist der in Art. 7 Abs. 1 GG enthaltene staatliche Erziehungsauftrag, aus dem sich das Organisationsrecht der Schulen, mithin auch die Entscheidung über die Einrichtung von Klassen ableitet, gleichgeordnet. Die genannten Grundrechte räumen Schülern und Eltern im Bereich der Schulorganisation mithin keinen Anspruch auf die Einrichtung einer in organisatorischer Hinsicht ihren Wünschen entsprechenden Schule ein. Verfassungsrechtlich bedenklich ist eine schulorganisatorische Maßnahme vielmehr erst dann, wenn sie für die Entwicklung des Kindes offensichtlich nachteilig sein würde, wenn sich also das Gestaltungsermessen der Schule derart verdichtet hat, dass jede andere Entscheidung ermessensfehlerhaft wäre. Dabei ist bei der gerichtlichen Prüfung zu berücksichtigen, dass bei schulorganisatorischen Entscheidungen, die auf pädagogischen Einschätzungen und Bewertungen beruhen, der gerichtliche Überprüfungsmaßstab eine weitere Einschränkung erfährt."

Rechtswidrig wäre die schulische Entscheidung daher nur, wenn die Schule keinerlei sachlich plausible Gründe für den beschränkten Zugang zu der Laptop-Klasse nennen könnte oder wenn das Losverfahren an schweren Verfahrensfehlern in Bezug auf den Auswahlvorgang oder die an der Auslosung beteiligten Personen litte. Die Schule sollte die Auswahlkriterien, das Auswahlverfahren und die an der Auslosung beteiligten Personen schriftlich dokumentieren.

III Grundrechte der Eltern und Schüler

1 Elternrecht

Artikel 6 Absatz 2 GG:

„Pflege und Erziehung der Kinder sind das natürliche Recht der Eltern und die zuvörderst ihnen obliegende Pflicht. Über ihre Betätigung wacht die staatliche Gemeinschaft.“

In einem Urteil zur obligatorischen Förderstufe in Hessen hat das Bundesverfassungsgericht das Verhältnis von staatlicher Aufsicht (Artikel 7 Absatz 1 GG) und Elternrecht (Artikel 6 Absatz 2 GG) eingehend dargelegt.

Wegen der großen Bedeutung dieses Urteils vor allem für die organisatorische Gestaltung des Schulwesens, die Ziele des Bildungswesens und die im Unterricht vermittelten Inhalte folgen Auszüge aus der Urteilsbegründung des Bundesverfassungsgerichts *(→ BVerfGE 34, 165 [BVerfG 06.12.1972 – 1 BvR 95/71]; SPE IAI S. 21–21 v):*

„Artikel 6 Absatz 2 Satz 1 GG erkennt die Pflege und Erziehung der Kinder als das „natürliche Recht der Eltern und die zuvörderst ihnen obliegende Pflicht“ an. Andererseits enthält diese Vorschrift keinen ausschließlichen Erziehungsanspruch der Eltern. Der Staat ist in der Schule nicht auf das ihm durch Artikel 6 Absatz 2 Satz 2 GG zugewiesene Wächteramt beschränkt. Der staatliche Erziehungsauftrag in der Schule, von dem Artikel 7 Absatz 1 GG ausgeht, ist in seinem Bereich dem elterlichen Erziehungsrecht nicht nach-, sondern gleichgeordnet. Diese gemeinsame Erziehungsaufgabe von Eltern und Schule, welche die Bildung der einen Persönlichkeit des Kindes zum Ziel hat, lässt sich nicht in einzelne Kompetenzen zerlegen. Sie ist in einem sinnvoll aufeinander bezogenen Zusammenwirken zu erfüllen.

Der Staat muss deshalb in der Schule die Verantwortung der Eltern für den Gesamtplan der Erziehung ihrer Kinder achten und für die Vielfalt der Anschauungen in Erziehungsfragen soweit offen sein, als es sich mit einem geordneten staatlichen Schulsystem verträgt.

Der Staat darf daher durch schulorganisatorische Maßnahmen nie den ganzen Werdegang des Kindes regeln wollen. Seine Aufgabe ist es, auf der Grundlage der Ergebnisse der Bildungsforschung bildungspolitische Entscheidungen zu treffen und im Rahmen seiner finanziellen und organisatorischen Möglichkeiten ein Schulsystem bereitzustellen, das den verschiedenen Begabungsrichtungen Raum zur Entfaltung lässt, sich aber von jeder „Bewirtschaftung des Begabungspotentials“ freihält.

Die Entscheidung über den weiteren Bildungsweg des Kindes hat das Grundgesetz zunächst den Eltern als den natürlichen Sachwaltern für die Erziehung des Kindes belassen. Damit wird jedenfalls dem Grundsatz nach berücksichtigt, dass sich das Leben des Kindes nicht nur nach seiner ohnehin von den Umweltfaktoren weitgehend geprägten Bildungsfähigkeit und seinen Leistungsmöglichkeiten gestaltet, sondern dass hierfür auch die Interessen und Sozialvorstellungen der Familien von großer Bedeutung sind. Diese primäre Entscheidungszuständigkeit der Eltern beruht auf der Erwägung, dass die Interessen des Kindes am besten von den Eltern wahrgenommen werden. Dabei wird sogar die Möglichkeit in Kauf genommen, dass das Kind durch einen Entschluss der Eltern Nachteile erleidet, die im Rahmen einer nach objektiven Maßstäben betriebenen Begabtenauslese vielleicht vermieden werden könnten. Dieses Bestimmungsrecht der Eltern umfasst auch die Befugnis, den von ihrem Kind einzuschlagenden Bildungsweg in der Schule frei zu wählen.

Dieses Recht der Eltern ist aber – wie sich aus den vorangegangenen Ausführungen ergibt – nicht allein durch das Wächteramt des Staates gemäß Artikel 6 Absatz 2 Satz 2 GG begrenzt. Im Rahmen der sich aus Artikel 7 Absatz 1 GG ergebenden Befugnis des Staates, das Schulsystem zu bestimmen, kann insbesondere die Aufnahme des Kindes in die verschiedenen Bildungswege an Zulassungsvoraussetzungen geknüpft werden, deren Festsetzung im Einzelnen Sache der Länder ist. Das Wahlrecht der Eltern zwischen den vom Staat zur Verfügung gestellten Schulformen darf jedoch nicht mehr als notwendig begrenzt werden.“ (a.a.O. S. 211, m)

Aus dem Elternrecht und den Grundrechten der Schüler ergibt sich kein Anspruch auf freien Zugang zu allen Schulen. Allerdings darf der Staat ein freies Zugangsrecht nach der Grundschule einräumen, ist dann aber verpflichtet, nach einer nicht zu lang bemessenen Probezeit – wohl maximal zwei Jahre – eine Zugangsentscheidung zu treffen, da er beim Übergang auf weiterführende Schulen die Eignung der Schüler angemessen berücksichtigen muss (Avenarius: Einführung in das Schulrecht, S. 86). Das ergibt sich auch aus einem aus dem Grundrecht auf freie Entfaltung der Persönlichkeit (Art. 2 Abs. 1 GG) ableitbaren Anspruch der Schüler, ihre Fähigkeiten in der jeweiligen Schulform oder Schulart möglichst optimal ohne erhebliche Beeinträchtigung durch für den Bildungsgang offensichtlich ungeeignete Schüler entfalten zu können (Avenarius a.a.O. unter Berufung auf das Bundesverwaltungsgericht, Az.: II C 105.56; SPE 860 Nr. 1 u. II B I/1).

F **Die Zuweisung zu G8**

Die Eltern eines Schülers wünschen den Besuch eines G9-Gymnasiums. Der Schüler wird einem G8-Gymnasium, das ab der 7. Klasse als Ganztagsschule geführt wird, zugewiesen.

Fallfrage:
Können die Eltern sich auf die freie Wahl des Bildungsganges berufen?

Rechtslage:

Eine Umlenkung an ein sogenanntes G8-Gymnasium entgegen dem ausdrücklich erklärten elterlichen Willen schränkt das verfassungsrechtlich garantierte Elternrecht bzw. das Recht auf Bildung in Anbetracht der gravierenden Unterschiede zwischen dem neunjährigen Regelgymnasium und dem ab dem siebten Schuljahr ausschließlich in Ganztagsform zu führenden achtjährigen Gymnasium in unzulässiger Weise ein. Da den Eltern das gesetzlich verbürgte Recht auf Wahl der Schulart obliegt, die vorliegend für das Gymnasium erfolgt ist, muss die Schulaufsicht den Schüler in eines der neunjährigen Gymnasien aufnehmen (VG Trier, Az.: 5 L 259/12; SchulRecht 3-4/2014, S. 47 f.).

Ist der Zugang zur Schule erreicht, können Unterrichtsausfälle ein von Eltern als besonders ärgerlich empfundenes Problem darstellen und die Frage aufwerfen, ob nicht ein Rechtsanspruch auf ungekürzten Unterricht besteht.

F **Der unverkürzte Unterricht**

Ein Schüler soll im zweiten Halbjahr der Klasse 9 nur drei statt der in der Stundentafel vorgesehenen vier Unterrichtsstunden Englisch erhalten. Da der Schule keine ausreichenden Lehrerstunden zur Verfügung standen, hatte der Schulleiter sich zur Kürzung in dieser Lerngruppe entschlossen, weil nur sieben Schüler an diesem Englischkurs teilnahmen. Die Eltern des Schülers beantragten, die Schule zu verpflichten, den Englischunterricht vierstündig zu erteilen.

Fallfragen:
- Kann die Erteilung der in der Stundentafel vorgesehenen Unterrichtsstunden verlangt werden?
- Hängt die Rechtslage davon ab, ob in der Landesverfassung ein Recht auf Bildung garantiert wird oder nicht?

Rechtslage:

Die Rechtsprechung lehnt einen Anspruch auf unverkürzten Unterricht ab. Das gilt auch, wenn ein Recht auf Bildung in der Landesverfassung garantiert wird:

„Bei diesem Recht auf Bildung (das in der Landesverfassung und dem Schulgesetz garantiert wird) handelt es sich grundsätzlich nicht um ein subjektiv-öffentliches Recht, welches dem Schüler oder den Erziehungsberechtigten konkrete Leistungsansprüche vermitteln könnte. Daraus folgt, dass weder Schüler noch ihre Erziehungsberechtigten hieraus unmittelbar einen Anspruch gegen das Land auf volle Erteilung des in der Stundentafel vorgesehenen Unterrichtes herleiten können. Das Recht auf Bildung verleiht dem Schüler lediglich ein Recht auf Zugang zur Schule nach seinen Anlagen, Fähigkeiten und Neigungen, auf eine entsprechende Ausgestaltung des Schulwesens sowie auf Fürsorge, Schutz und Förderung durch die Schule. … Unter Zugrundelegung dieses Verständnisses … wäre eine im Wege des gerichtlichen Rechtsschutzes einklagbare Verletzung des Rechtes des Schülers auf Bildung im Hinblick auf eine Einschränkung der Unterrichtsversorgung in einem bestimmten Schulfach ausnahmsweise dann vorstellbar, wenn es um dauerhafte und gravierende Unterrichtsausfälle geht und die Schule bzw. das Land ohne sachlich gerechtfertigten Grund über einen längeren Zeitraum hinweg keine Abhilfemaßnahmen ergreift. Eine derartige Situation ist hier indessen nicht zu erkennen. …" (VG Oldenburg, *Az.: 5 B 899/99; SchulRecht 11–12/2000, S. 202 f.)*

Diese Voraussetzungen dürften kaum jemals erfüllt sein. „Sofern der Unterrichtsausfall sich in Grenzen hält und auf nicht oder nur schwer vorhersehbaren Umständen beruht (zum Beispiel Krankheit einer Lehrkraft), sind solche Beeinträchtigungen hinzunehmen. … Nicht zumutbar sind Stundenausfälle, die zur Folge haben, dass Schülerinnen und Schüler das Bildungsziel zum Ende der Jahrgangsstufe oder gar zum Ende des Bildungsgangs nicht, jedenfalls nicht auf dem den Qualitätsanforderungen entsprechenden Niveau erreichen können. Sofern über mehrere Monate ein Großteil der in einem wichtigen Fach (zum Beispiel Deutsch, Fremdsprache, Mathematik) zu unterrichtenden Stunden nicht erteilt wird, kann von einer quantitativ und qualitativ ausreichenden Bildungsarbeit nicht mehr die Rede sein." (Avenarius, S. 394 f.)

Rechtlich problematisch ist dagegen ein hoher Stundenausfall im Fach einer Abschlussprüfung. So hat das Verwaltungsgericht Dresden (Az.: 5 K 1782/05; SchulRecht 1–2/2007, S. 18) entschieden, ein Realschüler dürfe bei einem Unterrichtsausfall von 18 Prozent eine nicht bestandene Abschlussprüfung im Fach Deutsch wiederholen, da er gegenüber den Schülern anderer Schulen benachteiligt worden sei.

Bestimmte Bereiche schulischen Handelns sind der elterlichen Bestimmung grundsätzlich entzogen. „Bei den Entscheidungen der

Schule über die Einteilung der Schüler in Klassen und die Zuweisung bestimmter Schüler zu bestimmten Klassen handelt es sich um schulinterne Organisationsmaßnahmen, die sich nicht unmittelbar auf die Rechtsstellung der Schüler und ihrer Eltern auswirken." (VG Braunschweig, Az.: 6 B 321/06; SchulRecht 9–10/2007, S. 101 f.) Die Auflösung einer Klasse und die Verteilung der Schüler auf andere Klassen ist ein bloßer interner Organisationsakt. (OVG Hamburg, Az.: 1 Bs 306/04; SchulRecht 6–8/2005, S. 132) Bei Klassen mit einem besonderen Unterrichtsschwerpunkt – etwa einer bilingualen Klasse – haben Eltern und Schüler bei einem Bewerberüberhang aber ein Recht auf Durchführung eines Auswahlverfahrens, das die willkürfreie Vergabe und Gleichbehandlung aller interessierten Schüler sicherstellt. (VG Braunschweig, a.a.O.) Eine Schule kann bei geänderter Erlasslage und Personalmangel einen freiwilligen muttersprachlichen Unterricht auch im laufenden Schuljahr gegen den Willen der Eltern und Schüler einstellen. (VG Osnabrück, Az.: 1 B 13/06; SchulRecht 11–12/2006, S. 130 f.) „Die Länder haben bei der Festlegung der Schulorganisation sowie der Erziehungsziele und Unterrichtsgegenstände eine weitgehende, eigenständige Gestaltungsfreiheit, die nur eingeschränkt ist, soweit Normen des Grundgesetzes ihr Grenzen setzen. Hierbei haben die Gerichte nur eine eingeschränkte Überprüfungsmöglichkeit." (VGH Baden-Württemberg zur Oberstufenreform, Az.: 9 S 616/03; SchulRecht 11–12/2003, S. 10 f. und Bayerischer Verfassungsgerichtshof, Az.: Vf. 2-VII-05; SchulRecht 11–12/2006, S. 126 ff).

Betrachtet man die grundlegende Gewichtung des Elternrechts und des staatlichen Aufsichts- und Gestaltungsrechts im Schulwesen, ist zunächst festzustellen, dass eine Verletzung des Elternrechts und der Grundrechte der Schüler nur vorliegt, wenn der Staat seine Befugnisse offensichtlich missbraucht. Eine solche Abgrenzung ist bei der Struktur des Schulwesens, den Berechtigungen und Abschlüssen, den Unterrichtsinhalten und -methoden sowie innerschulischen organisatorischen Maßnahmen auch sinnvoll, da das individuelle Elternrecht hier kein Maßstab sein kann. Die Vorstellungen und Wünsche der Eltern sind sehr unterschiedlich und neben den Ansprüchen der Eltern sind die Belange des Allgemeinwohls und die tatsächliche Leistungsfähigkeit des Staates zu berücksichtigen. Das Elternrecht und die Grundrechte der Schüler beeinflussen dagegen in erheblichem Maße diejenigen schulischen Entscheidungen, die die elterliche Verantwortung für die Erziehung der Kinder oder die Grundrechte der Schüler unmittelbar berühren.

Dem Schutz der Eltern und Schüler vor unmittelbar die Persönlichkeit und den Gesamtplan der Erziehung betreffenden schulischen

Entscheidungen dienen Informationsrechte, der Anspruch auf Respektierung elterlicher Entscheidungen in Erziehungsfragen, vor allem aber die Verpflichtung der Schule zur Neutralität in religiösen, weltanschaulichen und politischen Fragen, also das Toleranzgebot. Das Toleranzgebot verpflichtet die Schule für die Vielfalt der Anschauungen in Erziehungsfragen soweit offen zu sein, wie es sich mit einem geordneten staatlichen Schulsystem verträgt. Toleranz, Zurückhaltung und Sachlichkeit sind vor allem in weltanschaulich sensiblen Fächern und Lernbereichen gefordert. (Avenarius, S. 398)

F Befreiung von der Filmvorführung

Die Eltern eines Schülers der siebten Klasse, die der Glaubensgemeinschaft der Zeugen Jehovas angehören, beantragten, nachdem das Buch „Krabat" von Otfried Preußler zuvor auszugsweise im Deutschunterricht behandelt worden war, die Befreiung von der Vorführung des Films „Krabat" aus religiösen Gründen, da sie alle Berührungspunkte mit Spiritismus und jeglicher Form von Magie meiden müssten. Die Schule lehnte eine Befreiung ab.

Fallfrage:
Können die Eltern sich auf ihr Erziehungsrecht und die Religionsfreiheit berufen?

Rechtslage:

Das Bundesverwaltungsgericht (Az.: 6 C 12.12; SchulRecht 3-4/2014, S. 41 ff.) hat die Rechtmäßigkeit der Ablehnung des Befreiungsantrages festgestellt. Die staatliche Pflicht zur Rücksichtnahme auf religiöse Belange ist insbesondere aufgrund der Integrationsfunktion der Schule begrenzt. Eltern und Schüler müssen daher in einem bestimmten Umfang Beeinträchtigungen religiöser Erziehungsvorstellungen als typische, von der Verfassung von vornherein einberechnete Begleiterscheinung des staatlichen Bildungs- und Erziehungsauftrages hinnehmen.

Auch damit, dass ein Befreiungsantrag nur eine einzelne Unterrichtsstunde oder eine überschaubare Zahl von Unterrichtseinheiten betrifft, kann eine Unterrichtsbefreiung noch nicht hinreichend begründet werden.

Ein Anspruch auf Unterrichtsbefreiung ist grundsätzlich nur dann gerechtfertigt, wenn die Beeinträchtigung eine besonders gravierende Intensität aufweist. Aber auch eine besonders gravierende Beeinträchtigung des religiösen Erziehungsrechts führt noch nicht automatisch zu einem Zurücktreten des staatlichen Bestimmungsrechts, sondern zur Notwendigkeit einer Abwägung. Eine besonders gravierende Beeinträchtigung kommt aber überhaupt nur in Betracht, sofern ein religiöses Verhaltensgebot aus Sicht der Eltern imperativen Charakter aufweist. Dieser imperative Charakter fehlt bei religiösen Überzeugungen, die lediglich Vorgaben für alltägliches Verhalten ohne unmittelbaren Bezug zum religiösen Bekenntnis, zur Vornahme kultischer Handlungen oder zur Ausübung religiöser Gebräuche machen.

Das Bundesverwaltungsgericht hat damit nahezu jede Möglichkeit der Befreiung vom Unterricht wegen der Unterrichtsinhalte oder -methoden aus religiösen Gründen ausgeschlossen.

Die Eltern sind über alle Tatsachen zu unterrichten, die für den schulischen Werdegang oder die persönliche Entwicklung ihres Kindes von Bedeutung sind. So haben Erziehungsberechtigte einen gesetzlichen Anspruch auf Information über den Leistungsstand ihres Kindes sowie sein Arbeits- und Sozialverhalten (zu Aussagen zum Arbeits- und Sozialverhalten auf einem Zeugnis: Verwaltungsgericht Braunschweig, Az.: 6 A 106/03; SchulRecht 6–8/2004, S. 126–129). Nur auf der Basis einer rechtzeitigen und umfassenden Information durch die Schule können die Eltern ihr Erziehungsrecht wahrnehmen und kann die Schule deutlich darauf hinweisen, dass Schule und Eltern zum Wohle des Kindes zusammenarbeiten müssen. Informationsrechte der Eltern sind in den Schulgesetzen verankert, und zudem gibt es Regelungen für sehr umfassende Informationsverpflichtungen und Anhörungsrechte der Eltern bei besonders eng mit dem Erziehungsauftrag der Eltern verbundenen schulischen Aktivitäten wie insbesondere der Sexualerziehung. Aufgrund der weitreichenden Information durch die Schule können die Eltern ihr Erziehungsrecht wahrnehmen. Ein Anspruch auf Befreiung vom Sexualkundeunterricht aus religiösen oder weltanschaulichen Gründen besteht nicht. (BVerfG, Az.: 1 BvR 1358/09; SchulRecht 11–12/2009, S. 135)

Zahlreiche Länder haben eine gesetzliche Grundlage für die Information der Eltern volljähriger Schüler über wichtige schulische Angelegenheiten wie etwa eine Nichtversetzung, eine Nichtzulassung zu einer Prüfung oder die Androhung der Entlassung bzw. die Entlassung von der Schule geschaffen. Der Verfassungsgerichtshof des Landes Rheinland-Pfalz und der Bayerische Verfassungsgerichtshof haben Verfassungsbeschwerden gegen die entsprechende Regelung des Landes zurückgewiesen. (VerfGH Rheinland-Pfalz, Az.: VGH B 2/04; Bayerischer VerfGH, Az.: Vf. 13-VII-02 und Vf. 11-VII-03; SchulRecht 10/2004, S. 172 ff)

2 Grundrechte der Schüler

Zur freien Entfaltung der Persönlichkeit gehört die Kleidung einer Person. Schülern ist es in der Schule auch erlaubt, eine religiös motivierte Kleidung zu tragen. Dieses Recht darf allerdings die Erfüllung des staatlichen Bildungsauftrags nicht erschweren. Das ist bei einer Vollverschleierung (Burka) der Fall. Zwar kann die Schülerin sich auf ihre in Art. 4 Abs. 1 und zwei Grundgesetz garantierte Glaubensfreiheit berufen, diese wird aber durch das staatliche Bestimmungsrecht im Schulwesen, dem ebenfalls Verfassungsrang zukommt (Art. 7 Abs. 1 Grundgesetz), beschränkt. Der Verwaltungsgerichtshof Bayern (Az.: 7 CS 13.2592; SchulRecht 1-2/2015, S. 10 f.) hat daher einer Schule recht gegeben, die einer voll verschleierten Schülerin die Aufnahme verweigert hatte. Zum schulischen Unterricht und zur Erziehung gehört auch die offene Kommunikation. „Bei einer gesichtsfeldverhüllenden Verschleierung einer Schülerin wird diese nonverbale Kommunikation im wesentlichen unterbunden. Ein Unterricht auf der Basis offener Kommunikation unter Einbeziehung der Schülerin ist dann nicht mehr möglich." (VGH Bayern, a.a.O.)

Ist eine Schülerin nicht mehr schulpflichtig und kann sie den angestrebten Schulabschluss auf alternativen Wegen erreichen, liegt keine besonders gravierende Beeinträchtigung der Glaubensfreiheit vor. Außerdem ist nach Auffassung des Gerichts eine besonders gravierende Intensität der Beeinträchtigung der Glaubensfreiheit zu verneinen, da die Verschleierung als religiöses Verhaltensgebot keinen imperativen Charakter hat. Das Verbot der Verschleierung dürfte daher wohl auch Bestand haben, wenn die Schülerin im entschiedenen Fall noch schulpflichtig gewesen wäre.

F Die unliebsame Kleidung

Eine Schule untersagt Schülern das Tragen von Springerstiefeln und „militärischen" Kleidungsstücken. Das Verbot wird in die Schulordnung aufgenommen, der auch die Schüler- und Elternvertreter in der Schulkonferenz zugestimmt haben.

Fallfragen:
- Auf welches Grundrecht könnte sich ein Schüler berufen, der entsprechende Kleidungsstücke tragen will?
- Welche Rechtsgrundlagen könnte die Schule dem entgegenhalten?

Lösungshinweise:

Das Grundrecht auf freie Entfaltung der Persönlichkeit (Artikel 2 Abs. 1 GG) garantiert eine Handlungsfreiheit, die sich nicht auf den Kernbereich der Persönlichkeit beschränkt, sondern die gesamte Lebensführung schützt. Das Grundrecht kann durch Gesetze eingeschränkt werden, es gibt aber in keinem Land Gesetze, die den Schülern eine bestimmte Kleidung vorschreiben oder verbieten. Solche Gesetze begegneten auch erheblichen verfassungsmäßigen Bedenken. Auf der Ebene der einzelnen Schule ist ein solcher Eingriff unzulässig. „Die Verantwortung für Kleidung, Haarschnitt, Körperpflege und Kosmetik obliegt den Schülern und den Eltern selbst, nicht der Schule." *(→ Avenarius, S. 472).* „Die Schule ist nicht befugt, insoweit irgendwelche Vorschriften zu machen. Das bloße Abweichen vom Mehrheitsgeschmack, z. B. bei Punkerfrisuren oder Skinheads, kann in keinem Fall eine Störung des Schul- und Unterrichtsbetriebs sein – Mitschüler wie Lehrer und Eltern anderer Schüler müssen dies grundsätzlich hinnehmen." *(→ Staupe, S. 84)*

Die Berufung auf Erziehungsziele wie die Gewaltfreiheit, aus denen ein generelles Verbot bestimmter Kleidungsstücke abgeleitet wird, bietet ebenso wenig eine Grundlage für Kleidungsvorschriften wie eine Schulordnung, die von einem schulischen Gremium – und sei es einstimmig – verabschiedet worden ist, da ein solcher Grundrechtseingriff, sollte er denn überhaupt zulässig sein, einer hinreichend bestimmten gesetzlichen Grundlage bedürfte. Ein Verbot bestimmter Kleidungsstücke ist allenfalls im Einzelfall denkbar, wenn nachdrückliche und intensive Belästigungen oder Störungen des Unterrichts oder des Schullebens bereits eingetreten sind oder absehbar drohen. (Avenarius, S. 472) Das könnte z. B. der Fall sein bei mit Stahlkappen versehenen Springerstiefeln, die Schüler bei tätlichen Auseinandersetzungen als Waffe eingesetzt haben oder mit deren Einsatz sie gedroht haben oder bei Aufnähern mit beleidigender oder gewaltverherrlichender Aussage. Im Falle einer Markenkleidung mit möglicherweise rechtsextremen Symbolgehalt weist das Verwaltungsgericht Berlin (Az.: 3 A 443.01; SchulRecht 3/2003, S. 51-53) auf den notwendigen Abwägungsprozess hin, in den der Schulfrieden, ein tolerantes und angstfreies Schulklima, die mögliche Bedrohung oder Provokation von Mitschülern und Lehrern sowie das Interesse des Schülers, in der Wahl seiner Kleidung nicht staatlich bevormundet zu werden, einzustellen sind. Erhebliche Bedeutung dürfte dabei der Tatsache zukommen, ob ein Schüler sich unabhängig von seiner Kleidung gewaltbereiten und extremistischen politischen Gruppen zurechnet oder nicht.

Für eine unangemessene, insbesondere sexuell aufreizende Kleidung von Schülerinnen gilt ebenfalls, dass ein Verbot eine konkrete Störung der schulischen Ordnung – etwa durch provozierte Reaktionen von Mitschülern – oder einen Verstoß gegen schulische Erziehungsziele voraussetzt.

Auch ein Handy-Verbot greift in die allgemeine Handlungsfreiheit der Schüler ein. Es kann den Schülern nicht verboten werden, ein Handy mit zur Schule zu bringen, Störungen des Unterrichts oder anderer schulischer Veranstaltungen dürfen aber durch ein Verbot des Einschaltens abgewehrt werden (zu den Einzelheiten: *Das Handyverbot. In: SchulRecht, 1-2/2014, S.7 f.).* Soll auf dem gesamten Schulgelände das Einschalten und Benutzen von Mobiltelefonen und anderen elektronischen Speichermedien verboten werden, bedarf es dazu, wie in Bayern, einer ausdrücklichen gesetzlichen Grundlage.

Zu den das Schulverhältnis prägenden Grundrechten gehören neben dem Recht auf freie Entfaltung der Persönlichkeit auch das Recht auf Gleichbehandlung und auf Berufsfreiheit. Das Recht auf Gleichbehandlung nach Art. 3 Abs. 1 GG ist vor allem bei den zahlreichen schulischen Ermessensentscheidungen zu beachten. Es verbietet eine schematische Gleichbehandlung ebenso wie eine willkürliche Ungleichbehandlung. Das Prinzip, „Gleiches gleich und Ungleiches ungleich“ zu behandeln, erfordert eine sachlich gebotene Differenzierung bei Einzelfallentscheidungen. Dabei bindet sich die Schule durch ihre eigenen Entscheidungsprozesse (sogenannte „Selbstbindung der Verwaltung“).

Besondere Bedeutung erlangt das Recht auf Gleichbehandlung bei Leistungsbeurteilungen und Prüfungsentscheidungen. (s. Kapitel VII)

Artikel 12 Abs. 1 GG gewährleistet die freie Wahl der Ausbildungsstätte und die Berufsfreiheit. Aus Art. 12 Abs. 1 GG ergibt sich in Verbindung mit dem Gleichheitssatz des Art. 3 Abs. 1 GG ein Recht auf Teilhabe an den vorhandenen Bildungseinrichtungen, aber kein Recht auf Einrichtung einer bestimmten Ausbildungsstätte oder eines Bildungsgangs.

Zu den Grundrechten, von denen Schüler Gebrauch machen können, gehören die Meinungsäußerungsfreiheit (Art. 5 Abs. 1 und 2 GG) und die Versammlungsfreiheit (Art. 8 GG). Bei ihrer Wahrnehmung sind aber der schulische Bildungs- und Erziehungsauftrag sowie die schulische Ordnung und die Rechte anderer zu beachten. Dabei ist zu berücksichtigen, dass Schüler erst die verantwortungsbewusste Ausübung z. B. der Meinungsäußerungsfreiheit erlernen sollen. Lehrer sollten daher gegenüber Meinungsäußerungen von Schülern tolerante

Zurückhaltung üben, auch wenn sie ihrer Auffassung von schulischen Bildungs- und Erziehungszielen widersprechen, sofern sie in einer einigermaßen sachlichen Form vorgetragen werden und der demokratische Rechtsstaat nicht grundsätzlich in Frage gestellt wird.

F Befreiung vom Schwimmunterricht

Die Eltern einer muslimischen Schülerin einer fünften Jahrgangsstufe beantragten die Befreiung vom koedukativen Schwimmunterricht, da der Schülerin eine Teilnahme im Burkini wegen der diskriminierenden Wirkung nicht zuzumuten sei, und sie den Anblick leicht bekleideter Jungen und Männer sowie körperliche Berührungen zu vermeiden habe. Die Schule lehnte den Antrag ab.

Fallfrage:

Ist die Schülerin zur Teilnahme am Schwimmunterricht mit einem Burkini verpflichtet?

Rechtslage:

Das Bundesverwaltungsgericht (Az.: 6 C 25.12; SchulRecht 3-4/2014, S. 43 ff.) hat einen Befreiungsanspruch abgelehnt. Das Tragen eines Burkini im koedukativen Schwimmunterricht stellt eine kompromisshafte Entschärfung des Konflikts von Glaubensfreiheit und staatlichem Bildungs- und Erziehungsauftrag dar. Verweigert eine Schülerin diese Kompromisslösung, kann sie sich nicht länger auf ihre Glaubensfreiheit berufen. Derjenige, der auf die konsequente Umsetzung seiner religiösen Überzeugungen im Rahmen des Schulunterrichts dringt, muss grundsätzlich akzeptieren, dass er sich hierdurch in eine gewisse, für andere augenfällig hervortretende Sonderrolle begibt. Daraus entstehende Belastungen sind im Fall des Tragens eines Burkini hinzunehmen, zumal die Lehrkräfte unangemessenen Reaktionen der Mitschüler entgegentreten können.

Das Gebot, sich nicht mit dem Anblick von Jungen und Männern in knapp geschnittener Badekleidung zu konfrontieren, läuft darauf hinaus, vom Anblick einer Bekleidungspraxis verschont zu werden, die auch außerhalb der Schule zum allgemein akzeptierten Alltagsbild, jedenfalls an bestimmten Orten bzw. zu bestimmten Jahreszeiten, gehört. In der Konfrontation der Schüler mit der in der Gesellschaft vorhandenen Vielfalt an Verhaltensgewohnheiten, wozu auch Bekleidungsgewohnheiten zählen, bewährt und verwirklicht sich die integrative Kraft der öffentlichen Schule in besonderem Maße.

Das Gebot, keinen männlichen Mitschüler zu berühren, kann im Schwimmunterricht durch Lehrkräfte und die betroffene Schülerin in einem Maße verwirklicht werden, wie es auch außerhalb des Unterrichts im schulischen und außerschulischen Alltag möglich ist.

In den meisten Ländern sind Schüler grundsätzlich zur Teilnahme an mehrtägigen Schulfahrten verpflichtet. Eltern können aber eine Befreiung aus religiösen oder schwerwiegenden erzieherischen Gründen beantragen. „Bleiben die Eltern auch nach einem Gespräch über den geplanten Ablauf der Klassenfahrt aus religiösen Gründen bei ihrer Weigerung, wird die Schule nicht umhin kommen, das Kind mit Rücksicht auf das elterliche Erziehungsrecht und das Grundrecht der Religionsfreiheit von der Teilnahme freizustellen." (Avenarius, S. 410 f.)

IV Inklusion

F **Die Integration**
Eine behinderte Schülerin könnte mit bestimmten Fördermaßnahmen – fünf Stunden wöchentlich Einzelunterricht in Mathematik und Unterrichtsbegleitung durch eine pädagogisch oder therapeutisch ausgebildete Stützkraft als Eingliederungshilfe in allen anderen Lernbereichen, in denen eine zielgleiche Unterrichtung nicht möglich ist – eine weiterführende Schule besuchen. Die Schulaufsicht ordnet den Besuch einer Sonderschule für Körperbehinderte an, da diese Fördermaßnahmen zu aufwendig seien.

Artikel 3 Abs. 3 Satz 2 GG:

„Niemand darf wegen seiner Behinderung benachteiligt werden."

§ 4 NSchG:

„Schülerinnen und Schüler, die einer sonderpädagogischen Förderung bedürfen, sollen an allen Schulen gemeinsam mit anderen Schülerinnen und Schülern erzogen und unterrichtet werden, wenn auf diese Weise dem individuellen Förderbedarf der Schülerinnen und Schüler entsprochen werden kann und soweit es die organisatorischen, personellen und sächlichen Gegebenheiten erlauben."

Fallfragen:
- Nach Art. 3 Abs. 1 GG sind alle Menschen vor dem Gesetz gleich. Art. 3 Abs. 3 Satz 1 verbietet die Benachteiligung oder Bevorzugung wegen des Geschlechts, der Abstammung, der Rasse, Sprache, Heimat und Herkunft, des Glaubens und der religiösen oder politischen Anschauungen. Warum wurde dieser Katalog nicht einfach um das Merkmal der Behinderung erweitert?
- Darf das Ziel einer integrativen Beschulung durch bestimmte einschränkende Voraussetzungen relativiert werden?
- Hängt die Art des Schulbesuchs vom Elternwillen und der Entscheidung des betroffenen Schülers ab?

Rechtslage:

Das Bundesverfassungsgericht hat in einem grundlegenden Beschluss (→ *Az.: 1 BvR 9/97; SchulRecht 1/1998, S. 6–9 und 2/1998, S. 22–25)* das Verhältnis des Benachteiligungsverbotes und der staatlichen Gestaltungsfreiheit im Schulwesen sowie die rechtliche Position der Betroffenen geklärt:

„Wie bei den schon von Art. 3 Abs. 3 Satz 1 GG erfassten Merkmalen etwa des Geschlechts, der Abstammung, der Rasse oder der Sprache handelt es sich dabei um eine persönliche Eigenschaft, auf deren Vorhandensein oder Fehlen der Einzelne keinen oder nur einen begrenzten Einfluss nehmen kann. Doch bezeichnet Behinderung nicht nur ein bloßes Anderssein, das sich für den Betroffenen häufig erst im Zusammenwirken mit entsprechenden Einstellungen und Vorurteilen im gesellschaftlichen Umfeld nachteilig auswirkt, bei einer Veränderung dieser Einstellungen die Nachteilswirkung aber auch wieder verlieren kann. Behinderung ist vielmehr eine Eigenschaft, die die Lebensführung für den Betroffenen im Verhältnis zum Nichtbehinderten unabhängig von einem solchen Auffassungswandel grundsätzlich schwieriger macht. … Das erklärt, dass Satz 2 des Art. 3 Abs. 3 GG Differenzierungen nicht wie Satz 1 schlechthin untersagt. Nur an die Behinderung anknüpfende Benachteiligungen sind nach der Neuregelung verboten. Bevorzugungen mit dem Ziel der Angleichung der Verhältnisse von Nichtbehinderten und Behinderten sind dagegen erlaubt, allerdings nicht ohne weiteres auch verfassungsrechtlich geboten. …

Es ist von Verfassungswegen nicht zu beanstanden, dass… die zielgleiche wie die zieldifferente integrative Erziehung und Unterrichtung unter den Vorbehalt des organisatorisch, personell und von den sächlichen Voraussetzungen her Möglichen gestellt ist. Dieser Vorbehalt ist Ausdruck dessen, dass der Staat seine Aufgabe, ein begabungsgerechtes Schulsystem bereitzustellen, von vornherein nur im Rahmen seiner finanziellen und organisatorischen Möglichkeiten erfüllen kann und erklärt sich daraus, dass der Gesetzgeber bei seinen Entscheidungen auch andere Gemeinschaftsbelange berücksichtigen und sich die Möglichkeit erhalten muss, die nur begrenzt verfügbaren öffentlichen Mittel für solche anderen Belange einzusetzen, wenn er dies für erforderlich hält. …

Ein Einschätzungsspielraum sowie der Vorbehalt des tatsächlich Machbaren und des finanziell Vertretbaren bestehen aber auch bei der Ausgestaltung des Regelungskonzepts durch den Gesetzgeber. Er ist durch Art. 2 Abs. 1 (freie Entfaltung der Persönlichkeit), Art. 6 Abs. 2 Satz 1 (Elternrecht) und Art. 3 Abs. 3 Satz 2 GG (Benachteiligungsverbot) nicht verpflichtet, für das jeweilige Land alle Formen integrativer Beschulung bereitzuhalten. Im Rahmen seiner Entscheidungsfreiheit kann er vielmehr von der Einführung solcher Integrationsformen absehen, deren Verwirklichung ihm aus pädagogischen, aber auch aus organisatorischen, personellen und finanziellen Gründen nicht vertretbar erscheint. Voraussetzung dafür ist, dass die verbleibenden Möglichkeiten einer integrativen Erziehung und Unterrichtung den Belangen behinderter Kinder und Jugendlicher ausreichend Rechnung tragen. …

Da … der benachteiligende Charakter einer Maßnahme nicht ohne Rücksicht auf eine mit ihr einhergehende spezifische Förderung beurteilt werden kann, bedeutet das in der Regelung enthaltene Benachteiligungsverbot allerdings nicht, dass die Überweisung eines behinderten Schülers an eine Sonderschule schon für sich eine verbotene Benachteiligung darstellt. Das gilt auch dann, wenn die Entscheidung der Schulbehörde gegen den Willen des Behinderten oder seiner Erziehungsberechtigten ergeht. … Entscheiden sich die Eltern im aus ihrer Sicht so gewürdigten Interesse ihres Kindes für eine Beschulung gemeinsam mit nichtbehinderten Schülern, darf sich die Schulbehörde darüber nicht einfach etwa mit der nicht näher fundierten Begründung hinwegsetzen, die Überweisung an eine Sonderschule und die Unterrichtung dort seien in Wahrheit besser geeignet, dem wohlverstandenen Interesse des behinderten Kindes zu dienen. Erforderlich sind vielmehr eine eingehende Prüfung des Elternwunsches und eine Auseinandersetzung mit dem in ihm zum Ausdruck gebrachten elterlichen Erziehungsplan."

Aus der UN-Behindertenrechtskonvention lassen sich ebenfalls keine unmittelbaren individuellen Ansprüche von Eltern und Schülern herleiten. Die UN-Behindertenrechtskonvention hat den Rang eines Bundesgesetzes und ist daher im Lichte der Verfassung auszulegen. (Verwaltungsgerichtshof Baden-Württemberg, Az.: 9 S 1833/12; SchulRecht 3-4/2013, S. 28 ff.) Art. 3 Abs. 3 Satz 2 GG ist auch nach Inkrafttreten der Konvention bei der Beurteilung der Rechtmäßigkeit einer Einzelmaßnahme der Schulaufsichtsbehörde, wie etwa der Feststellung einer Sonderschulpflicht, nicht anders als bisher auszulegen. Daher kommt es rechtlich nicht entscheidend auf die Frage an, ob das Übereinkommen ein „integratives" oder ein „inklusives" Bildungssystem fordert. In jedem Einzelfall ist eine Abwägung der Interessen der behinderten Schüler und der nichtbehinderten Schüler sowie der organisatorischen, personellen, sächlichen und pädagogischen Rahmenbedingungen durch die Schulaufsichtsbehörden erforderlich. Dabei kommt keinem Gesichtspunkt eine von vornherein ausschlaggebende Bedeutung zu. Die Schulaufsicht verfügt über einen gerichtlich nur eingeschränkt überprüfbaren Beurteilungsspielraum. Die Länder haben auf der Grundlage der UN-Konvention unterschiedliche gesetzliche Regelungen getroffen, denen gemeinsam ist, dass die Möglichkeit der Beschulung in Regelschulen vorrangig zu prüfen ist.

F Wechsel zur Regelschule

Ein körperlich und geistig behinderter Schüler besucht die Primarstufe einer Förderschule und möchte im nächsten Schuljahr am Unterricht der fünften Klasse einer Gesamtschule teilnehmen. An der Schule fehlen Sonderpädagogen, ein Aufzug und barrierefreie Zugänge sowie ein freier Raum für Therapiemaßnahmen. Der Schüler fordert zumindest provisorische bauliche Maßnahmen sowie organisatorische und unterrichtliche Änderungen, die es ihm ermöglichen, den Unterricht an der gewünschten Regelschule zu besuchen.

Fallfrage:

Hat der Schüler einen Anspruch auf den Besuch der gewünschten Regelschule, wenn das Landesrecht vorsieht, dass die Schulaufsichtsbehörde nur in besonderen Ausnahmefällen abweichend von der Wahl der Eltern die Förderschule anstelle der allgemeinen Schule als Förderort bestimmen kann, falls die personellen und sächlichen Voraussetzungen am gewählten Förderort nicht erfüllt sind und auch nicht mit vertretbarem Aufwand erfüllt werden können?

Rechtslage:

Da in dem Schulgebäude ein Aufzug und generell barrierefreie Zugänge sowie ein Therapieraum fehlen, fehlt es an den sächlichen Voraussetzungen, und auch die personellen Voraussetzungen sind nicht gegeben. „Die alternative Erwägung des Schülers, naturwissenschaftlicher Unterricht könne zunächst auch im Erdgeschoss unterrichtet werden, gegebenenfalls unter Umstellung des Lehrplans, verkennt, dass die Schulaufsichtsbehörde in ihre Entscheidungsfindung auch organisatorische Schwierigkeiten und schutzwürdige Belange Dritter, insbesondere anderer Schüler, einstellen muss. ... Schulaufsicht und Schulträger haben nachvollziehbar aufgezeigt, weshalb die personellen und sächlichen Voraussetzungen für eine inklusive Beschulung an dem gewählten Förderort fehlen und gegenwärtig auch noch nicht mit vertretbarem Aufwand erfüllt werden können.

Ebenso wenig kann davon ausgegangen werden, dass Art. 3 Abs. 3 Satz 2 GG nach Inkrafttreten des Art. 24 der VN-Behindertenkonvention nun strenger auszulegen wäre." (Verwaltungsgericht Münster, Az.: 1 L 420/14; SchulRecht 3-4/2016, S. 43 ff.)

„Die genannten baulichen Hindernisse kann der Schulträger auch nicht mit vertretbarem Aufwand bis zum Schuljahresbeginn oder in absehbarer Zeit danach beseitigen. Die Frage, welche allgemeinen Schulen der Schulträger als Orte des gemeinsamen Lernens ausgestaltet und in welcher Reihenfolge er die hierfür erforderlichen baulichen

Maßnahmen trifft, ist Gegenstand der Schulentwicklungsplanung. Im Rahmen der Schulentwicklungsplanung steht sie im Organisationsermessen des Schulträgers. Bei dessen Ausübung muss er neben der inklusiven Beschulung behinderter Kinder auch die Belange nichtbehinderter Kinder berücksichtigen und sich die Möglichkeit erhalten, die nur begrenzt verfügbaren öffentlichen Mittel für andere Belange einzusetzen, wenn er dies für erforderlich hält."(Oberverwaltungsgericht Nordrhein-Westfalen, Az.: 19 B 849/14; SchulRecht 5-6/2015; S. 82 f.)

„Eine Überweisung an die Förderschule ist nicht per se eine Benachteiligung. Sie stellt aber dann eine nach Art. 3 Abs. 3 Satz 2 GG verbotene Benachteiligung dar, wenn die Erziehung und Unterrichtung an der Regelschule den Fähigkeiten des Kindes entspräche und ohne besonderen Aufwand möglich wäre oder die Förderschulüberweisung erfolgt, obwohl der Besuch der Regelschule durch einen vertretbaren Einsatz für sonderpädagogische Förderung ermöglicht werden könnte.

Vor einer Überweisung an eine Förderschule gegen den Willen der Eltern ist eine umfassende Prüfung der Möglichkeit des gemeinsamen Unterrichts unter Einbeziehung der Personensorgeberechtigten, der betroffenen Lehrer, der Schulaufsicht, gegebenenfalls auch des Trägers der Eingliederungshilfe, von Krankenkassen und des Schulträgers, wenn etwa bestimmte bauliche Maßnahmen in Rede stehen, vorzunehmen und hierbei insbesondere auch zu prüfen, ob und wie ein sächliches oder personelles Defizit in vertretbarem Umfang behoben werden kann, um den gemeinsamen Unterricht an der Regelschule zu ermöglichen." (Oberverwaltungsgericht Sachsen-Anhalt (Az.: 3 M 337/13; SchulRecht 9-10/2014, S. 138 ff.)

Bei der Überweisung an die Förderschule muss eine substantiierte Begründung erkennen lassen, auf welchen Erwägungen der Schulbehörde die Überweisung beruht. Anzugeben sind dabei je nach Lage des Falles Art und Schwere der Behinderung, organisatorische, personelle oder sächliche Schwierigkeiten sowie die Gründe, warum diese Schwierigkeiten im konkreten Fall nicht überwunden werden können. Haushaltspolitische Erwägungen allgemeiner Art oder der Hinweis auf eine nicht näher dargelegte Beschränkung des Umfangs der Förderstunden an der Grundschule können die Ablehnung der Integration eines behinderten Schülers an einer Schule oder Grundschule nicht rechtfertigen. Allenfalls konkrete, auf den Einzelfall bezogene Gegebenheiten, die von der Schulverwaltung substantiiert und nachvollziehbar dargelegt werden müssen, können eine grundsätzlich mögliche integrative Unterrichtung ausnahmsweise ausschließen. (Oberverwaltungsgericht Sachsen, Az.: 2 B 229/1; SchulRecht 9-10/2015, S 137 ff.)

Die Frage, ob ein sonderpädagogischer Förderbedarf besteht, welcher konkrete Förderbedarf mit welchem Schwerpunkt vorliegt und welche Förderschule konkret geeignet ist, beurteilen sich grundsätzlich nach dem in der Schule gezeigten Lern- und Leistungsverhalten und sonstigen schulischen Verhalten, so dass die Zuziehung außerschulischen Sachverstands, wie Gruppenleitern von Vereinen, Mitarbeitern der Familienhilfe oder Diplom-Pädagogen, in der Regel nicht geboten ist. (Oberverwaltungsgericht Niedersachsen, Az.: 2 ME 368/12, S. 101 f.) Etwas anderes gilt vor allem für Mediziner und Schulpsychologen.

Kindern mit sonderpädagogischem Förderbedarf dürfen bei der Aufnahme in die Eingangsklasse 5 einer weiterführenden Schule bei ausgeschöpfter Aufnahmekapazität vorab vor anderen Schülern Plätze zugewiesen werden. Eine Aufnahme von inklusiven Schülern ausschließlich nach den für alle Schüler geltenden Kriterien könnte zu einer den Zielen der Inklusion sowie den Interessen der Schüler mit und ohne sonderpädagogischen Förderbedarf widersprechenden Entscheidung führen. (Oberverwaltungsgericht Hamburg, Az.: 1 Bs 231/13; SchulRecht 1-2/2014, S. 9 f.)

Garantiert das Landesrecht den Eltern ein Wahlrecht zwischen der Regelschule und der Fördererschule, steht ihnen ein umfassendes Wahlrecht zu, das auch die Entscheidung für die Förderschule umfasst. (Verwaltungsgericht Braunschweig, Az.: 6 B 107/14; SchulRecht 1-2/2015, S. 16 f.) Das Kindeswohl erfordert den Wechsel an die Förderschule, wenn die körperliche, psychische und geistige Gesundheit und die altersgemäße und bestmögliche soziale Eingliederung sowie schützenswerte persönliche Bindungen und Zukunftschancen dafür sprechen. (VG Braunschweig, a.a.O.)

V Dienstverhältnis der Lehrer

1 Pädagogische Freiheit und Weisungsgebundenheit

Die pädagogische Freiheit der Lehrer wird in den Gesetzen und Vorschriften der Länder, teilweise auch unter der Bezeichnung pädagogische Selbstverantwortung, erwähnt. Bevor aber geprüft wird, ob sich aus der pädagogischen Freiheit eine Begrenzung des Weisungsrechts der Vorgesetzten ergibt, ist zunächst festzustellen, auf welche Bereiche der Tätigkeit der Lehrer sich die pädagogische Freiheit überhaupt bezieht, da es sich bei ihr in keinem Fall um ein generelles Abwehrrecht gegen Weisungen handeln kann.

Es hat Versuche gegeben, die pädagogische Freiheit unter Berufung auf Artikel 5 Absatz 3 Satz 1 des Grundgesetzes rechtlich abzusichern.

Artikel 5 Absatz 3 Satz 1 GG:

„Kunst und Wissenschaft, Forschung und Lehre sind frei."

Über die Anwendbarkeit des Artikel 5 Absatz 3 Satz 1 GG entscheidet die Interpretation der Formulierung „Forschung und Lehre". Werden diese Begriffe als untrennbar zusammengehörig angesehen, ist nur die sich aus der Forschung ergebende Lehre frei. Sieht man dagegen Forschung und Lehre als zwei getrennte Bereiche an, könnte auch die Lehre an den Schulen von Artikel 5 Absatz 3 Satz 1 GG umfasst werden.

Das Bundesverfassungsgericht vertritt die Auffassung, die Begriffe Forschung und Lehre seien als eine Einheit anzusehen. (BVerfGE 35, 79 [112 f.]) Es ist daher nur die Lehre frei, die in einem Zusammenhang mit der Forschung steht, also nur die Lehre an den Universitäten, nicht die an Richtlinien und Lehrpläne gebundene Lehre an den Schulen.

Das Bundesverfassungsgericht hat aber auch festgestellt, Lehrern müsse im Unterricht noch der Entscheidungsspielraum verbleiben, den sie brauchen, um ihrer pädagogischen Verantwortung gerecht werden zu können. (Az.: 1 BvL 1/75; 1 BvR 147/75; SPE 790 Nr. 5 und I A I 81)

Die pädagogische Freiheit ist keine gesicherte Rechtsposition, die den Lehrern die Abwehr aller für pädagogisch unzweckmäßig gehaltenen Weisungen Vorgesetzter ermöglichte.

„Die pädagogische Freiheit ist eine pflichtgebundene Freiheit, die ihren Grund und ihre innere Rechtfertigung in der Erziehungsaufgabe des Lehrers findet. Sie ist ihm nicht um seiner selbst, sondern um seiner Funktion, seines Amtes willen gewährleistet. … Die pädagogische Freiheit ist daher kein subjektives Recht der einzelnen Lehrkraft." (Avenarius, S. 663 f.) Die pädagogische Freiheit ist kein subjektives

Abwehrrecht des Lehrers, sondern eine tatsächliche Position, da jeder Unterrichts- und Erziehungsprozess freie Entscheidungen und Handlungen des Lehrers voraussetzt.

Allerdings kann es – falls ein Schulgesetz die pädagogische Freiheit sichernde Formulierungen wie ein Verbot „unzumutbarer" Eingriffe enthält – den für die optimale Erfüllung der schulischen Bildungs- und Erziehungsziele notwendigen Freiraum in Wahrheit nur geben, wenn er im Konfliktfall von demjenigen zu verteidigen ist, der ihn mit seinem persönlichen Engagement ausfüllen soll. (Niehues/Rux, RdNr. 901)

Der Deutsche Juristentag hat in seinem Entwurf eines Schulgesetzes die pädagogische Freiheit durch eine Beschränkung der Schulaufsicht auf die Rechtsaufsicht über das pädagogische Handeln sichern wollen. Der von ihm vorgeschlagene § 66 Absatz 2 des Schulgesetzentwurfes lautet:

„Die Lehrer erziehen und unterrichten in eigener Verantwortung im Rahmen ... der ... Rechtsvorschriften ... die für die Unterrichts- und Erziehungsarbeit des Lehrers erforderliche pädagogische Freiheit darf durch Rechtsvorschriften ... nicht unnötig oder unzumutbar eingeengt werden."

Die Pädagogische Freiheit soll Lehrern im Unterricht und in der Erziehung die Entscheidungs- und Handlungsspielräume sichern, die ihnen ein auf die jeweiligen Schüler, die Lerngruppe, die Situation und ihre eigenen Überzeugungen und Fähigkeiten abgestimmtes Handeln ermöglichen. Die Pädagogische Freiheit trägt der Tatsache Rechnung, dass Unterricht und Erziehung auch auf persönlichen Beziehungen zwischen den Beteiligten beruhen. Eine individuelle Förderung und Erziehung der Schüler setzt die Entscheidungs- und Handlungsfreiheit der Lehrer voraus. Der Bildungsauftrag lässt sich nicht vollständig normieren und reglementieren.

Die notwendige Pädagogische Freiheit der Lehrer darf aber nicht der Willkür oder einem sachlich falschen oder pädagogisch dilettantischen Unterricht Vorschub leisten. Lehrer sind daher selbstverständlich an Gesetze und Vorschriften, Konferenzbeschlüsse und Weisungen gebunden. Es hängt von deren Formulierung ab, wie das Verhältnis von Steuerung und Entscheidungsfreiheit gestaltet wird.

Selbstständige oder eigenverantwortliche Schulen führen nicht zu einer Ausweitung der pädagogischen Freiheit, sondern eher zu einer Einschränkung, da Gremienbeschlüssen eine besondere Bedeutung beigemessen und die Stellung des Schulleiters auch in pädagogischen Fragen gestärkt wird. Die Schule als System, nicht der einzelne Lehrer soll ein größeres Maß an Entscheidungsfreiheit erhalten.

Der Meinungsstreit zur pädagogischen Freiheit kann letztlich auf die Frage reduziert werden, ob der weitgehend selbstständig und eigenverantwortlich arbeitende Lehrer oder der durch Weisungen und Konferenzbeschlüsse geleitete Lehrer der zuverlässigere Garant eines guten Unterrichts und einer erfolgreichen Erziehung ist. Da diese Frage abstrakt und allgemein kaum beantwortet werden kann, sondern nur unter Berücksichtigung der jeweiligen pädagogischen Auffassungen und Fähigkeiten des einzelnen Schulaufsichtsbeamten, der Schulleitung, der Konferenzmitglieder und des einzelnen Lehrers und da ein Verbot der Anwendung „veralteter Unterrichts- oder Erziehungsmethoden" oder die Orientierung an „allgemein anerkannten Ergebnissen der pädagogischen Forschung" (Avenarius, S. 665) als Grenze der pädagogischen Freiheit angesichts der pädagogischen Meinungsvielfalt und des schnellen Wechsels der vorherrschenden pädagogischen Auffassungen unsichere Maßstäbe sind, werden die Grenzen der pädagogischen Freiheit in der juristischen und pädagogischen Diskussion umstritten bleiben.

Außerdem ist zu bedenken, dass das Verhalten der Lehrer durch Rechtsnormen und Weisungen nur begrenzt zu steuern ist. Der tatsächliche Gestaltungs- und Entscheidungsspielraum ist sehr groß. Die persönliche Beziehung zwischen Lehrern und Schülern, die letztlich den Erfolg der pädagogischen Arbeit entscheidend beeinflusst, kann durch Rechtsnormen und Weisungen der Vorgesetzten sowie Konferenzbeschlüsse nicht entscheidend beeinflusst werden. Die faktische pädagogische Freiheit des Lehrers wird auch durch die Unmöglichkeit gesichert, die Durchführung des Unterrichts ständig zu kontrollieren.

Sie sollte aber auch rechtlich gegen kleinliche Reglementierungen in Fragen des Unterrichts und der Erziehung abgesichert werden. Eine solche Absicherung würde eine Kontrolle des Unterrichts und der Erziehung und ein Eingreifen bei schwerwiegenden Fehlentwicklungen keineswegs unmöglich machen.

Die Forderung, die pädagogische Freiheit zu stärken, setzt aber Klarheit über den Schutzbereich der pädagogischen Freiheit voraus.

F Die Unterrichtsplanung

Auf dem Zwischenzeugnis erteilt eine Lehrerin im Fach Englisch 17 von 20 Schülern einer Klasse die Noten „mangelhaft" oder „ungenügend". Der Schulleiter ordnet daraufhin an, die Lehrerin müsse ihm unbefristet für jede Englischstunde in dieser Klasse eine Unterrichtsplanung, den Entwurf des ggf. geplanten Tafelbildes und ein Exemplar der Klassenarbeiten vorab zur Kenntnis bringen.

Fallfrage:
- Verstoßen die Weisungen des Schulleiters gegen die pädagogische Freiheit?

Rechtslage:

Das Niedersächsische Oberverwaltungsgericht *(→ Az.: 5 M 2250/99; SchulRecht 1/2000, S. 7–9)* sieht die pädagogische Freiheit gar nicht berührt:

„Im Rahmen seines gesetzlichen Auftrages muss der Schulleiter durch geeignete Maßnahmen und ggf. auch Weisungen sicherstellen, dass (die Lehrerin) ihren Lehrauftrag gleichmäßig und wirkungsvoll für alle Schüler in allen Fächern erfüllt. Die getroffene Maßnahme durch den Schulleiter greift gerade nicht in den Bereich der pädagogischen Freiheit ein, denn (der Lehrerin) wird weder vorgeschrieben, wie sie den Unterricht konkret gestalten soll, noch werden die Unterrichtsinhalte vorgegeben. Verlangt wird von ihr lediglich, was jeder Lehrer, der seine Aufgabe pflichtgemäß erfüllt, an Unterrichtsvorbereitung zu leisten hat. Der ihr zugemutete Aufwand besteht somit lediglich darin, ein Zweitexemplar ihrer Unterrichtsplanung, ggf. eines geplanten Tafelbildes und ein Exemplar der von ihr geplanten Klassenarbeit, rechtzeitig, d. h. vor der abzuhaltenden Unterrichtsstunde bzw. der Ausgabe der Klassenarbeit, ihrem Schulleiter vorzulegen. Es ist auch nicht ansatzweise aus dem Vorbringen der Lehrerin ersichtlich, in welcher Weise durch diese rein verwaltungs- bzw. ablauftechnisch zu sehende Anweisung in einen „Kernbestand" der pädagogischen Freiheit eingegriffen werden könnte ...

Die Maßnahme ist auch nicht deshalb als unzulässiger Eingriff anzusehen, weil sie nicht ausdrücklich befristet worden ist. Es versteht sich von selbst, dass ein angemessener Zeitraum verstreichen muss, in dem die Lehrerin der Anweisung nachkommt, bevor sich der Schulleiter ein hinreichend sicheres Bild von Inhalt und Gestaltung des Unterrichts machen kann.

Genauso selbstverständlich ist, dass nach Erreichen dieser angemessenen Zeitspanne er entweder veranlasst ist, weitergehende Maßnahmen zur Sicherstellung des Unterrichtsauftrages der Schule auch hinsichtlich der Unterrichtsstunden der Lehrerin zu ergreifen, oder dass er die Sache auf sich beruhen lässt und die Weisung aufhebt. Um eine solche Entscheidungsgrundlage zu erhalten, musste der Schulleiter die angefochtene Maßnahme ergreifen."

Unter Berufung auf die pädagogische Freiheit besteht auch kein Anspruch auf Unterlassung unangemeldeter Unterrichtsbesuche nach Beschwerden über die Qualität des Unterrichts. Die pädagogische Freiheit kann von Lehrern keineswegs immer dann ins Feld geführt werden, wenn sie bestimmte schulische oder schulaufsichtliche Entscheidungen als unangenehm empfinden, sondern nur zur Verteidigung ihres pädagogischen Handlungsspielraums im Interesse eines situations- und personenangemessenen Handelns.

Im obigen Fall stellte das Gericht fest: „Nach Auskunft der Schule ist die Lehrerin der Anweisung bisher nicht ein einziges Mal nachgekommen." Das wirft die Frage nach möglichen Sanktionen durch den Schulleiter auf. Eine Frage, die nur vor dem Hintergrund des Unterschiedes zwischen dem Vorgesetzten und dem Dienstvorgesetzten beantwortet werden kann.

2 Vorgesetzte und Dienstvorgesetzte

Bundes- und Landesbeamtengesetze definieren die Begriffe Vorgesetzter und Dienstvorgesetzter gleichlautend:

„Vorgesetzter ist, wer einem Beamten für seine dienstliche Tätigkeit Anordnungen erteilen kann."

„Dienstvorgesetzter ist, wer für beamtenrechtliche Entscheidungen über die persönlichen Angelegenheiten der ihm nachgeordneten Beamten zuständig ist."

Dienstvorgesetzter ist, wer die beamtenrechtlichen Entscheidungen über die persönlichen Angelegenheiten eines Beamten trifft. Zu den beamtenrechtlichen Entscheidungen über persönliche Angelegenheiten eines Beamten gehören z. B.:

- die Entscheidungen über den Personaleinsatz (z. B. Versetzung),
- die dienstliche Beurteilung,
- die Genehmigung von Sonderurlaub und Dienstreisen,
- die Entgegennahme des Entlassungsantrages,
- die Ausübung disziplinarrechtlicher Befugnisse.

In Bayern sind gemäß § 28 Bay Lehrerdienstordnung (LDO) die Schulleiter an staatlichen Realschulen, Gymnasien und beruflichen Schulen schon seit langem Dienstvorgesetzte der Lehrer. In anderen Ländern werden sie vor allem durch die Tendenz zur Stärkung der Eigenverantwortung der Schulen zunehmend zu Dienstvorgesetzten oder nehmen auf sie delegierte Aufgaben eines Dienstvorgesetzten wahr.

Vorgesetzte und Dienstvorgesetzte oberhalb der Schulleiterebene gehören zur Schulaufsicht. Bei den Kompetenzen der Schulaufsicht sind die Dienstaufsicht und die Fachaufsicht zu unterscheiden. Die Fachaufsicht kontrolliert das pädagogische Handeln in den Bereichen

Unterricht und Erziehung. Die Fachaufsicht bezieht sich sowohl auf die Rechtmäßigkeit als auch auf die Zweckmäßigkeit pädagogischer Entscheidungen. Im Grundsatz halten alle Länder an der Fachaufsicht fest. Einschränkungen haben vor allem Hessen, Mecklenburg-Vorpommern und Niedersachsen vorgenommen, die eine Aufhebung schulischer Entscheidungen oder eine die schulische Entscheidung ersetzende Entscheidung der Schulaufsicht (Selbsteintritt) bei pädagogischen Bewertungen, unterrichtlichen oder erzieherischen Entscheidungen, also im Kernbereich des pädagogischen Handelns, nur zulassen, wenn Verfahrens- oder Rechtsvorschriften verletzt, falsche Voraussetzungen zugrundegelegt, sachfremde Erwägungen angestellt wurden oder gegen allgemein anerkannte pädagogische Grundsätze oder Bewertungsmaßstäbe verstoßen wurde. Die Hälfte der Bundesländer kennt aber keinerlei Einschränkung der fachaufsichtlichen Befugnisse.

Die Dienstaufsicht ist die Aufsicht über die innere Ordnung an den Schulen, die Pflichterfüllung der Lehrer als Beamte und die Ausübung der Disziplinargewalt.

3 Remonstrationspflicht

Die Möglichkeiten des Beamten, sich gegen Weisungen, die ihn möglicherweise in seinen Rechten verletzen, mit Rechtsbehelfen und ggf. einer Klage zu wehren, werden eingehend im Kapitel „Der Rechtsschutz" dargestellt. Die Remonstrationspflicht wird an dieser Stelle behandelt, da es sich um eine Pflicht des Beamten handelt, die im unmittelbaren Zusammenhang mit seiner Weisungsgebundenheit steht.

F Der unsportliche Lehrer

Schulleiter S weist den Lehrer L an, den Sportunterricht eines Kollegen zu übernehmen, der sich krankgemeldet hat. L, der die Fächer Deutsch und Geschichte unterrichtet, erklärt S, er habe Bedenken gegen die Weisung, da er kein ausgebildeter Sportlehrer sei und daher eventuelle Gefährdungen der Schüler durch eigenes unsachgemäßes Verhalten nicht ausschließen könne. S erwidert: „Sie brauchen die Schüler ja nicht am Reck turnen zu lassen. Sie werden das schon schaffen."

Fallfragen:
- Hat L Bedenken gegen die Rechtmäßigkeit oder die Zweckmäßigkeit der Weisung?
- Will L vorrangig sich selbst oder die Schüler schützen?

Rechtslage:

Die Schule hat die Rechtspflicht, die Schüler vor Schaden zu bewahren. Die fehlende fachliche Qualifikation des L, die eine Übertragung des Sportunterrichts auf ihn nicht zweckmäßig erscheinen lässt, führt zugleich zu Bedenken gegen die Rechtmäßigkeit der Weisung, da die Übertragung von Unterrichts- und Aufsichtsaufgaben an ungeeignete Personen gegen diese Rechtspflicht der Schule verstößt. L äußert daher Bedenken gegen die Rechtmäßigkeit der Weisung.

L will sich wohl auch vor dem Vorwurf der Verletzung seiner Aufsichtspflichten schützen, vorrangig wird es ihm aber um das Wohl der Schüler gehen, die er vor Schaden bewahren will.

Fallfrage:
- § 36 BeamtStG ist auf den vorliegenden Fall anzuwenden. Wie muss L sich verhalten?

§ 36 BeamtStG:

„(1) Beamtinnen und Beamte tragen für die Rechtmäßigkeit ihrer dienstlichen Handlungen die volle persönliche Verantwortung.

(2) Bedenken gegen die Rechtmäßigkeit dienstlicher Anordnungen haben Beamtinnen und Beamte unverzüglich auf dem Dienstweg geltend zu machen. Wird die Anordnung aufrechterhalten, haben sie sich, wenn die Bedenken fortbestehen, an die nächsthöhere Vorgesetzte oder den nächsthöheren Vorgesetzten zu wenden. Wird die Anordnung bestätigt, müssen die Beamtinnen und Beamten sie ausführen und sind von der eigenen Verantwortung befreit.

Dies gilt nicht, wenn das aufgetragene Verhalten die Würde des Menschen verletzt oder strafbar oder ordnungswidrig ist und die Strafbarkeit oder Ordnungswidrigkeit für die Beamtinnen und Beamten erkennbar ist.

Die Bestätigung hat auf Verlangen schriftlich zu erfolgen."

Rechtslage:

Gemäß § 36 Absatz 1 BeamtStG ist L für die Rechtmäßigkeit eines von ihm durchgeführten Sportunterrichts voll verantwortlich. Da er Bedenken gegen die Rechtmäßigkeit der dienstlichen Anordnung des S hat, ist er verpflichtet, diese Bedenken unverzüglich dem S vorzutragen. Das hat L im vorliegenden Fall getan. S hat daraufhin seine Weisung bestätigt. L muss sich nun, da seine Bedenken fortbestehen, an den nächsthöheren Vorgesetzten wenden. Bestätigt dieser die Anordnung, hat L sie auszuführen, da die Übernahme des Sportunterrichts durch ihn kein strafbares oder ordnungswidriges Verhalten darstellt. Die Verantwortung für eventuelle Schädigungen der Schüler ist damit auf den nächsthöheren Vorgesetzten übergegangen, der die Anweisung auf Verlangen des Beamten schriftlich bestätigen muss. In bestimmten Situationen tritt die Entscheidung des unmittelbaren Vorgesetzten an die Stelle der Entscheidung des nächsthöheren Vorgesetzten.

§ 36 Absatz 3 BeamtStG:

„Wird von den Beamtinnen und Beamten die sofortige Ausführung der Anordnung verlangt, weil Gefahr im Verzug besteht und die Entscheidung der oder des höheren Vorgesetzten nicht rechtzeitig herbeigeführt werden kann, gilt Absatz 2 Satz 3 und 4 entsprechend."

Bestehen zum Beispiel Bedenken gegen die Rechtmäßigkeit der Übertragung der Aufsichtspflicht auf einen Lehrer, ist die Aufsicht aber schnell wahrzunehmen, um Schaden von den Schülern abzuwenden, und ist es unmöglich, den nächsthöheren Vorgesetzten zu erreichen, ist der Lehrer verpflichtet, die Weisung zu befolgen, wenn sein Verhalten nicht strafbar oder ordnungswidrig ist oder die Menschenwürde verletzt.

Die Remonstrationspflicht schützt wegen des Überganges der Verantwortung auf den nächsthöheren Vorgesetzten den Beamten vor den rechtlichen Konsequenzen eines möglicherweise rechtswidrigen Verhaltens. Sie soll darüber hinaus dem Schutz der Bürger vor dem Handeln der Behörde dienen, indem sie eine Überprüfung möglicherweise rechtswidrigen Handelns ermöglicht. Sie dient aber nicht zuletzt dem Schutz der Vorgesetzten des Beamten, die eine Weisung, deren Rechtswidrigkeit sie eventuell übersehen haben, noch einmal überprüfen können. Sie entspricht damit der Pflicht des Beamten zur Beratung seiner Vorgesetzten. Ein Beamter, der seine Vorgesetzten nicht auf die Gefahr rechtswidrigen Handelns hinweist, verletzt seine Dienstpflichten. Vorgesetzte sollten daher Bedenken gegen die Rechtmäßigkeit ihrer Entscheidungen nicht als persönlichen Angriff missverstehen, sondern als pflichtgemäßes Verhalten des Beamten, das dem Interesse der Vorgesetzten an einer rechtmäßigen Amtsführung entspricht.

4 Pädagogische Freiheit und Konferenzbeschlüsse

Konferenzbeschlüsse sollen die Einheitlichkeit des Unterrichts und der Erziehung an einer Schule fördern. Sie beeinflussen das Gesamtbild einer Schule und helfen, eine pädagogische und rechtliche Gleichbehandlung der Schüler zu sichern. Die Lehrer sind als Teil der Schule an

Konferenzbeschlüsse gebunden. Ihre pädagogische Freiheit wird also durch die Zuständigkeit der Konferenzen eingeschränkt.

Andererseits ist der Tatsache Rechnung zu tragen, dass Gremien der Schule in aller Regel keine konkreten Einzelfallentscheidungen treffen, sondern lediglich Grundsätze der pädagogischen Arbeit festlegen können. Die Entscheidungen in Einzelfällen bleiben den Lehrern vorbehalten.

Außerdem sichern einige Schulgesetze ausdrücklich einen pädagogischen Freiraum des Lehrers gegenüber Konferenzbeschlüssen. So zum Beispiel

§ 27 Abs. 2 SchulG S-Anh.:

„Die Konferenzen haben dabei auf die pädagogische Freiheit und Verantwortung des Lehrers Rücksicht zu nehmen."

Diese Regelung sichert sowohl die Einheitlichkeit des Unterrichts und der Erziehung als auch die pädagogische Freiheit der Lehrer.

Haben schulische Konferenzen ein Schulprogramm verabschiedet, das bestimmte Festlegungen im Hinblick auf den Unterricht und die Erziehung sowie außerunterrichtliche Aktivitäten der Schule trifft, muss sich dieses Schulprogramm im Rahmen der Gesetze und Vorschriften halten, also auch die Absicherung der pädagogischen Freiheit gegenüber Konferenzbeschlüssen beachten. Damit vertragen sich allzu detaillierte Festlegungen, insbesondere im Bereich der Unterrichtsmethoden und -inhalte nicht. Andererseits müssen Lehrer das berechtigte Interesse an einem pädagogischen Zusammenwirken aller Lehrkräfte und einem erkennbaren Profil der Schule respektieren. Die erforderliche Abwägung im Einzelfall darf nicht mit dem bloßen Hinweis auf den Beschluss eines schulischen Gremiums unterlaufen werden.

5 Pädagogische Freiheit gegenüber Eltern und Schülern

Eltern und Schülern gegenüber handelt der Lehrer nicht im eigenen Namen, sondern als Organwalter der Schule. Er vertritt den Staat, dessen Aufsicht nach Artikel 7 Absatz 1 GG das gesamte Schulwesen untersteht und dem damit das Recht zur Planung, Leitung, Organisation und Beaufsichtigung des Schulwesens zusteht.

Eltern und Schüler haben einen mit Rechtsbehelfen und Klagemöglichkeiten durchsetzbaren Anspruch auf ein rechtmäßiges Handeln der Lehrer. Im Bereich der pädagogischen Zweckmäßigkeit haben sie aber keinerlei Weisungsmöglichkeit. Hier trifft der Lehrer auf Grund seiner pädagogischen Freiheit und Verantwortung die Entscheidung, die ihm pädagogisch richtig zu sein scheint.

So sehr die pädagogische Tätigkeit des Lehrers dem unmittelbaren Einfluss der Eltern und Schüler entzogen ist, so sehr ist sie auch in diesem Bereich letztlich von der Bereitschaft der Vorgesetzten abhängig, die pädagogische Freiheit zu achten, da die Eltern und Schüler jederzeit das Recht haben, sich mit Beschwerden an den Schulleiter und die Schulaufsicht zu wenden, die dem Lehrer Weisungen erteilen können. Schulleitung und Schulaufsicht sollten bei der Prüfung von Beschwerden berücksichtigen, dass die pädagogische Freiheit der Lehrer gegenüber Eltern und Schülern kein Privileg der Lehrer ist, sondern im Interesse einer dem Wohl der Schüler dienenden pädagogischen Tätigkeit, die wesentlich auf dem Ansehen und der Autorität des Lehrers als eigenverantwortlich handelndem Pädagogen beruht, gesichert und respektiert werden muss.

F **Das nichtssagende Zeugnis**

Eine Grundschullehrerin stellte Schülern einer zweiten Klasse Zeugnisse aus, die überwiegend keine fachspezifischen Angaben zu den Leistungen in den Fächern Deutsch und Mathematik enthielten. Die Schulleiterin verlangte von der Lehrerin, die Zeugnisse neu zu schreiben und entsprechend zu ergänzen.

Fallfrage:
- In welchem Verhältnis steht hier die pädagogische Freiheit zu den Rechten der Eltern und Schüler?

Rechtslage:

Der Hessische Verwaltungsgerichtshof *(→ Az.: 1 UE1042/92; SchulRecht 2/1997, S.27; SPE 294 Nr. 5)* hat die Klage der Lehrerin abgewiesen: „Die Verpflichtung der Lehrerin zur Aufnahme differenzierter fachspezifischer Aussagen in die einzelnen Zeugnisse der Grundschulklasse 2 ergibt sich dem Grunde nach aus dem verfassungsrechtlich gewährleisteten Informationsanspruch der Eltern und Schüler … Der aus Art. 2 Abs. 1, 6 Abs. 2 GG folgende, als solcher unumstrittene Informations- bzw. Auskunftsanspruch der Eltern und Schüler bezieht sich vor allem auf Informationen über die Leistungen und Lernfortschritte sowie das leistungsbezogene Verhalten des Kindes in der Schule … (Es darf nicht) auf eine inhaltliche Leistungsbewertung in einzelnen Fächern zugunsten allgemein gehaltener Aussagen über das Erreichen der Lernzielanforderungen einer Klasse gänzlich verzichtet werden … zum geschützten Gehalt des Informationsanspruchs (gehört) das Recht auf Auskünfte über den Leistungsstand der Schüler und zwar … bezogen auf einzelne Fächer und Lernbereiche … Die pädagogische Gestaltungsfreiheit findet in den Grundrechten der Schüler und Eltern ihre Grenze."

6 Fallbeispiele

F **Der Klassenwechsel des Lehrers**

Eltern und Schüler haben sich bereits in der Vergangenheit häufiger über den Unterricht eines Lehrers beschwert. 14 Tage nachdem der Lehrer einen Grundkurs Mathematik übernommen hatte, forderten Eltern und Schüler dieses Grundkurses seine Ablösung. Nach mehreren Gesprächen mit dem Lehrer, den Eltern und den Schülern entschied der Schulleiter, der Lehrer habe eine andere Gruppe zu übernehmen. Er begründete seine Entscheidung mit den aus seiner Sicht nicht unbegründeten Beschwerden und der Drohung der Eltern, ihre Kinder aus dem Unterricht herauszunehmen, was zur Nichtzulassung zum schriftlichen Abitur des gesamten Grundkurses geführt hätte sowie der völlig fehlenden Bereitschaft des Lehrers, mit den Eltern und Schülern ein sinnvolles Gespräch zu führen.

Fallfrage:

- Kann der Lehrer sich gegen diese Maßnahme unter Berufung auf seine pädagogische Freiheit, die Fürsorgepflicht des Dienstherrn oder das Recht der Schule, über den Personaleinsatz frei von Elterneinflüssen zu entscheiden, gerichtlich zur Wehr setzen?

Rechtslage:

Das Verwaltungsgericht Karlsruhe *(→ Az.: 13 K 2904/97; SchulRecht 3/2001, S. 63)* hat die Klage als unzulässig abgewiesen: „Die Verteilung der Lehraufträge an öffentlichen Schulen ist Aufgabe des Schulleiters. Der einzelne Lehrer hat keinen Anspruch darauf, dass er eine bestimmte Klasse in einem bestimmten Fach unterrichten darf. Er hat auch kein subjektives Abwehrrecht dergestalt, dass ihm ein einmal erteilter Lehrauftrag nicht mehr ohne weiteres entzogen werden darf. Ein solches Abwehrrecht ergibt sich auch nicht aus § 38 Abs. 2 SchG, wonach der Lehrer im Rahmen der ihm vorgegebenen Erziehungsziele, der Bildungspläne und sonstiger Vorschriften die unmittelbare pädagogische Verantwortung für die Erziehung und Bildung der Schüler trägt. Die hier verankerte pädagogische Freiheit des Lehrers verleiht ihm als Person kein einklagbares Abwehrrecht, das er gegenüber der Schulleitung oder der Schulaufsichtsbehörde durchsetzen könnte ...

Da jeder konkrete Lehrauftrag allein dem Schulzweck dient und auf die Bildungsinteressen der Schüler bezogen ist, kann eine Änderung des Lehrauftrags auch nicht gegen die beamtenrechtliche Fürsorgepflicht verstoßen ... Ob der Schulleiter des Lehrers in seinem Fall auch hätte anders handeln können und ob seine Wertung, ein den Bildungsinteressen der Schüler dienender Unterricht im Grundkurs Mathematik sei vom Lehrer kaum mehr leistbar gewesen, pädagogisch richtig war, ist hier unerheblich, da diese Entscheidung nicht justiziabel ist."

Die pädagogische Freiheit ist, wie das Verwaltungsgericht in Übereinstimmung mit der ganz überwiegenden Rechtsprechung feststellt, kein subjektives Recht des einzelnen Lehrers. Er kann sie daher nicht als Abwehrrecht in Anspruch nehmen. Die Berufung auf die Fürsorgepflicht könnte allenfalls erfolgreich sein, wenn die Maßnahme offensichtlich willkürlich oder schikanös gewesen wäre. Darauf weist aber im Sachverhalt nichts hin. Der Personaleinsatz gehört zum ausschließlichen Zuständigkeitsbereich des Staates, zuständig für die Wahrnehmung dieser Befugnis sind aber Schulleitung und Schulaufsicht und nicht der einzelne Lehrer.

F Die Zeugnisanrede

Die Grundschullehrerin L spricht die Schüler bei den allgemeinen Beurteilungen auf Zeugnissen persönlich, in der zweiten Person an: „Dein Verhalten ... Du hast ..."Die Schulaufsicht weist L an, die allgemeinen Beurteilungen in der dritten Person abzufassen.

Fallfrage:
- Bei der Beurteilung des Falles ist davon auszugehen, dass es keine Rechtsvorschrift gibt, die die Anrede in Grundschulzeugnissen verbindlich regelt.
- Stellt die Weisung einen Eingriff in die pädagogische Freiheit der L dar?

Rechtslage:

Die Weisung der Schulaufsicht bezieht sich auf die Zweckmäßigkeit der Art der Anrede in Grundschulzeugnissen. Zu dieser Frage gibt es unterschiedliche pädagogische Auffassungen. Der Prüfung, ob hier die L ein auf die pädagogische Freiheit gestütztes eigenes Entscheidungsrecht hat, muss die Antwort auf die Frage vorausgehen, ob überhaupt ein Eingriff in die pädagogische Freiheit vorliegt. Zu diesem Problem führt das Verwaltungsgericht Berlin folgendes aus *(VG Berlin, → Az.: VG 7 A 120.86; SPE 480 Nr.1 S.3 f.)*: „... auch wenn man einen pädagogischen Freiraum anerkennt, der von Maßnahmen der Schulaufsicht nicht unzumutbar eingeengt werden darf ..., greift die Weisung ... hierin nicht in unzulässiger Weise ein. Die Frage der Anrede der Schüler in den Zeugnissen fällt nicht mehr in den auch weit verstandenen

Rahmen einer … pädagogischen Gestaltungsfreiheit. Vor Erlass dieser Weisung bestand offenbar eine unterschiedliche Übung an den Schulen … Schon deshalb konnte es die Schulaufsicht als geboten erachten, aus Gründen der Wahrung des Gleichheitsgrundsatzes … durch eine Schulaufsichtsmaßnahme eine einheitliche Regelung herbeizuführen. Die Anweisung selbst betrifft nicht Inhalt und Ausgestaltung des über ein Schuljahr verteilten Unterrichts, sondern legt lediglich bestimmte Formalien für die Erteilung von Zeugnissen fest … die Auffassung der Schulaufsicht, das Zeugnis sei in erster Linie für die Erziehungsberechtigten des Schülers bestimmt und der Schüler sei daher einheitlich in dritter Person anzusprechen, ist … sachlich vertretbar, zumindest nicht willkürlich.“

Es liegt kein Eingriff in die pädagogische Freiheit der L vor, da es sich bei der Weisung nicht um den Kernbereich der Unterrichts- und Erziehungsarbeit, sondern um die einheitliche Regelung bestimmter Formalien handelt. L muss daher die Weisung befolgen.

VI Leistungsbewertung und schulische Prüfungsentscheidungen

Die Leistungsbewertung wird von den Gerichten als pädagogischer Vorgang anerkannt, der eine persönliche Einschätzung und Wertung durch den Lehrer voraussetzt. Der Lehrer kennt alle bedeutsamen Umstände wie den vorausgegangenen Unterricht, den Leistungsstand der Klasse und die Person des Schülers und würdigt sie anhand objektiver Maßstäbe, aber nicht unbeeinflusst von unvermeidbaren persönlichen Wertungen. Bei mündlichen Leistungen und Prüfungsentscheidungen ist zudem zu bedenken, dass die Unterrichts- oder Prüfungssituation einmalig ist und nicht wiederholt werden kann. Die Gerichte belassen daher dem Lehrer einen Beurteilungsspielraum bei der Leistungsbewertung, in den sie nicht eingreifen. „Zu diesen prüfungsspezifischen Fragen, die der Letztentscheidungskompetenz der Prüfer überlassen bleiben, gehören insbesondere die Benotung, die Gewichtung verschiedener Aufgaben untereinander und die Schwere einzelner Fehler, die Überzeugungskraft der Argumente, die Einordnung des Schwierigkeitsgrades der Aufgabenstellung und die Würdigung der Qualität der Darstellung sowie die Geordnetheit der Darlegungen." (Verwaltungsgericht Braunschweig, Az.: 6 A 50/13; SchulRecht 7-8/2014, S. 108 ff.)

Die Gerichte wenden bei der gerichtlichen Überprüfung Kriterien an, die weder höchstpersönliche Elemente enthalten noch eine unmittelbare Kenntnis des Unterrichts und der zu beurteilenden Personen voraussetzen. Gemeinsame Basis dieser Kriterien ist der Anspruch der Schüler aus Art. 3 Abs. 1 GG auf Gleichbehandlung und Chancengleichheit.

1 Kriterien der gerichtlichen Überprüfung

F **Die Nichtversetzung**

Die Schülerin S wird wegen der Note „mangelhaft" in Deutsch und Mathematik nicht von der achten in die neunte Klasse versetzt. Sie klagt mit folgender Begründung gegen ihre Nichtversetzung: Die Note „mangelhaft" in Deutsch sei rechtswidrig, da

- die Leistungsanforderungen zu hoch gewesen seien,
- sie bei den Klassenarbeiten wegen der fehlenden Autorität des Deutschlehrers ständig von anderen Schülern gestört worden sei,
- der Lehrer, der eine persönliche Abneigung gegen sie habe, bei der Bewertung befangen gewesen sei.

Fallfrage:

- Welche der genannten Begründungen für die Rechtswidrigkeit der erteilten Note können Gegenstand einer gerichtlichen Überprüfung sein und welche Begründungen sind dem gerichtlich nicht überprüfbaren Beurteilungsspielraum zuzuordnen?

Lösung:

Das Bundesverwaltungsgericht begründet den Beurteilungsspielraum bei der Leistungsbewertung folgendermaßen *(→ BVerwGE 8, 272 [BVerwG 24.04.1959 – VII C 104.58]; SPE 446 Nr. 1 und SPE S. a. F. II C I/l hier: S. 1 a):*

„Wie die Erfahrung lehrt, kann das Urteil über den Wert geistiger Leistungen verschieden ausfallen. Um Nachteile, die dadurch entstehen können, zu vermeiden oder zu vermindern, muss der Prüfling in der Regel mehrere Prüfungsleistungen erbringen, die von mehreren Prüfern beurteilt werden. Der Lehrer beobachtet den Schüler, den er unterrichtet, während längerer Zeit und kann so zu einem ausgeglichenen Urteil gelangen. Die Rechtsordnung verpflichtet Lehrer ..., nach bestem Wissen und Gewissen die Leistungen des Schülers ... zu beurteilen. Dagegen verpflichtet sie sie nicht, zu demselben Urteil zu gelangen, zu dem später ein gerichtlicher Sachverständiger gelangen würde, dem die Leistungen vorgelegt werden."

Das Bundesverwaltungsgericht zieht aus dieser Erkenntnis den Schluss, ein Gericht könne die eigentliche pädagogisch-wissenschaftliche Wertung nur daraufhin prüfen, ob der Prüfer von falschen Tatsachen ausgegangen sei, allgemeingültige Bewertungsgrundsätze nicht beachtet habe oder sich von sachfremden Erwägungen habe leiten lassen. (a.a.O., S. 1 b)

Außerdem dürfen keine Verstöße gegen Verfahrensvorschriften, die zum Beispiel die Rechtswirksamkeit eines Konferenzbeschlusses beeinträchtigen könnten, vorliegen. (a.a.O., S. 1 d) Das Bundesverfassungsgericht *(→ Az.: 1 BvR 419/81, SPE540 Nr. 1)* hat diesen Katalog noch um den Grundsatz erweitert, Vertretbares dürfe nicht als falsch bewertet werden.

Die Gerichte beurteilen die Rechtmäßigkeit einer Leistungsbewertung also nach folgenden Kriterien:
- Wurde von zutreffenden Tatsachen ausgegangen?
- Wurde das Verfahren ordnungsgemäß durchgeführt?
- Wurden allgemein anerkannte Bewertungsmaßstäbe eingehalten?
- Unterlag die Bewertung sachfremden Einflüssen?
- Wurde Vertretbares als falsch bewertet?

Die Schülerin S kann sich daher nicht darauf berufen, die Leistungsanforderungen seien zu hoch gewesen, da die Festlegung der

Leistungsanforderungen dem pädagogischen Beurteilungsspielraum des Lehrers zuzurechnen ist. Störungen während der Klassenarbeiten könnten einen Verfahrensfehler darstellen, und eine Befangenheit des Lehrers wäre ein sachfremder Einfluss. Beide Behauptungen müssten daher im konkreten Fall von einem Gericht überprüft werden.

a) Zutreffende Tatsachen

Eine Leistungsbewertung ist rechtswidrig, wenn der Beurteilende von unzutreffenden Tatsachen ausgegangen ist, weil er z. B. eine Seite einer Klausur übersehen und nicht bewertet hat oder weil er angenommen hat, die Schüler hätten bei einer Englischarbeit Lexika benutzen dürfen, obwohl das tatsächlich nicht der Fall war. Die Rechtswidrigkeit der Leistungsbewertung bei der Annahme unzutreffender Tatsachen ist im Grunde offensichtlich.

b) Ordnungsgemäßes Verfahren

Hinter der Frage nach dem ordnungsgemäßen Verfahren stehen zahlreiche Überlegungen und Problemfelder, die letztlich alle auf dem Gedanken der Chancengleichheit, der seine verfassungsrechtliche Grundlage in Art. 3 Abs. 1 GG hat, beruhen.

Zu einem ordnungsgemäßen Verfahren gehört zunächst die Prüfungsfähigkeit des Schülers. Ein Schüler, der an einer Grippe leidet, hat nicht die gleichen Chancen wie ein gesunder Schüler. Andererseits kann nicht jede beliebige persönliche Eigenart des Schülers zur Verschiebung oder Wiederholung einer schriftlichen oder mündlichen Leistungsüberprüfung führen.

F Krankheit und Prüfungsunfähigkeit

Eine Schülerin wendet sich gegen ihre Nichtversetzung. Im Fach Physik habe sie zu Unrecht die Note „mangelhaft" erhalten. Die erste Klausur habe sie aus gesundheitlichen Gründen nicht mitschreiben können. Die in der Nachschreibeklausur gezeigten Leistungen seien mit „ungenügend" bewertet worden. Den Nachschreibetermin habe sie wahrgenommen, sei jedoch an diesem Tag krank gewesen. Unmittelbar nach der Klausur habe sie sich aufgrund ihrer körperlichen und psychischen Beeinträchtigungen, die auf der Trennung der Eltern und der damit einhergehenden gravierenden Belastungen beruhe, unverzüglich zu dem sie behandelnden Arzt begeben. Dieser habe festgestellt, dass sie krankheitsbedingt außer Stande gewesen sei, die Klausur zu schreiben. Da es sich bei dem Nachschreibtermin um einen Samstag gehandelt habe, habe sie selbstverständlich nicht am selben Tag die ärztliche Stellungnahme abgeben können. Insofern sei durch Übersendung der

ärztlichen Stellungnahme zwei Tage später den Anforderungen an die Unverzüglichkeit der Übermittlung Genüge getan worden.
Die Note im Fach Religion sei erteilt worden, obwohl ihr angeboten worden war, ein Referat zum Ausgleich der bislang erbrachten Leistungen halten zu können. Dies habe sie krankheitsbedingt nicht an dem dafür vorgesehenen Tag gehalten, es aber in Form eines Thesenpapiers ihrer Religionslehrerin gegeben. Diese Leistung habe bei der Notenvergabe keine Berücksichtigung gefunden.

Fallfragen:
Ist das Attest des Arztes anzuerkennen?
Hätte das Referat benotet werden müssen?

Rechtslage:

Das Verwaltungsgericht Osnabrück (Az.: 1 A 252/13; SchulRecht 11-12/2015, S. 173 ff.) hat die Klage abgewiesen: Will ein Schüler an einer vorgesehenen Prüfung nicht teilnehmen oder ein Prüfungsergebnis wegen des Vorliegens von Entschuldigungsgründen nicht gegen sich gelten lassen, muss er den Rücktritt von der Prüfung unverzüglich erklären. Unverzüglich im Sinne der Rücktrittsregelung bedeutet, dass es auf den schnellstmöglichen Zeitpunkt ankommt. Dabei muss der Prüfling nicht nur den Prüfungsrücktritt erklären oder das Versäumnis anzeigen, sondern auch unverzüglich den Rücktritts- oder Säumnisgrund mitteilen.

War der Prüfling nicht in der Lage, seine Prüfungsunfähigkeit zu erkennen, zeigt er seine Prüfungsunfähigkeit dann noch unverzüglich an, wenn er diesen Umstand unverzüglich nachweist, also zu dem frühestmöglichen Zeitpunkt, zu dem ihm diese Erkenntnis möglich gewesen ist. Für diesen Fall der unverzüglichen Geltendmachung einer krankheitsbedingten Prüfungsunfähigkeit sind strenge Maßstäbe anzulegen. Auch an die ärztliche Bescheinigung mit der eine Erkrankung diagnostiziert wird, die dazu geführt haben soll, dass der Prüfling seinen Rücktritt nicht unverzüglich habe erklären können, sind besondere Anforderungen zu stellen. Es müssen konkrete ärztlich festgestellte Tatsachen bekundet werden, aus denen nachvollziehbar auf eine derart starke Beeinträchtigung des Prüflings geschlossen werden kann und nachvollziehbar wird, dass er zudem nicht in der Lage gewesen ist, die eigene Prüfungsunfähigkeit vor oder während des Erbringens der Prüfungsleistung zu erkennen. Die Würdigung, ob es dem Prüfling zumutbar war, den Prüfungsrücktritt zu erklären, stellt eine Rechtsfrage dar, deren Beantwortung dem Arzt nicht zusteht.

Diese Anforderungen erfüllt das Attest des Arztes nicht, da es weder eine Diagnose enthält, die den Rückschluss auf die Unfähigkeit, die Prüfungsunfähigkeit zu erkennen, zulässt, noch begründet, warum die Schülerin außerstande gewesen sein soll, ihre Prüfungsunfähigkeit zu erkennen.

Die Schülerin hat das angebotene Referat nicht gehalten. Sie hat lediglich zu einem späteren Zeitpunkt ein Thesenpapier abgegeben. Dabei handelt es sich aber nicht um eine einem Referat gleichwertige Leistung. Bei dem Referat handelt sich nicht um eine Pflichtleistung, daher war die Lehrerin nicht gezwungen, Ersatztermine anzubieten.

Bei Beeinträchtigungen, die sich auf die Fähigkeit, eine Leistung zu erbringen, auswirken, ist grundsätzlich zu unterscheiden zwischen Umständen, die vorübergehender Natur sind und den Schüler gegenüber anderen Schülern wesentlich benachteiligen, dazu gehören z. B. fiebrige Erkrankungen oder starke Kopfschmerzen, und Umständen, die persönlichkeitsbedingt sind und zu den persönlichen Merkmalen eines bestimmten Schülers gehören, wie z. B. große Nervosität oder ungewöhnliche Konzentrationsschwäche. Persönlichkeitsbedingte Merkmale, die den Erfolg bei einer Leistungsüberprüfung beeinträchtigen, stellen keine Verstöße gegen einen ordnungsgemäßen Verfahrensablauf dar. Nur vorübergehende, schwere Beeinträchtigungen können zur Aufhebung einer Leistungsbewertung oder Prüfungsentscheidung führen.

Der Schüler muss diese Gesundheitsstörungen aber unverzüglich geltend machen, d.h. sobald sie für ihn erkennbar sind, und er hat nachzuweisen, dass die Leistungsverweigerung wegen Prüfungsunfähigkeit gerechtfertigt war. Die Schule kann bei wichtigen Prüfungen wie dem Abitur ein amtsärztliches Attest verlangen.

Nach Abschluss einer Prüfung oder Leistungsbewertung kann sich der Schüler nicht mehr auf die Beeinträchtigung seiner Chancen aus gesundheitlichen Gründen berufen, denn gerade der Gedanke der Chancengleichheit gegenüber den anderen Schülern schließt es aus, ihm eine zweite Chance anzubieten. Ausnahmen von diesem Grundsatz gibt es nur in den äußerst seltenen Fällen einer schwerwiegenden, zum Zeitpunkt der Leistungsbewertung unerkannten Krankheit (z. B. einer Zuckerkrankheit).

Zu den äußeren Prüfungsbedingungen, die die Chancengleichheit bei einer Leistungsbewertung beeinträchtigen können, gehören zum Beispiel übergroße Hitze oder Kälte, Lärm, Unruhe im Klassenraum. Diese Beeinträchtigungen müssen aber bei wichtigen Prüfungen wie dem Abitur in der Prüfungssituation gerügt werden, um im Nachhinein konstruierte Beschwerden auszuschließen.

Bei Klassenarbeiten ist die Rügepflicht großzügig zu handhaben.

Liegen Verstöße gegen ein ordnungsgemäßes Verfahren vor, die auch rechtzeitig gerügt wurden, führt das trotzdem nicht zwangsläufig zur Rechtswidrigkeit der angefochtenen Maßnahme. Es muss vielmehr festgestellt werden, ob der Verstoß für die abschließende Entscheidung wesentlich war. Entsteht zum Beispiel bei einer Klassenarbeit Lärm vor dem Klassenraum durch Straßenarbeiten, ist das in der Regel kein erheblicher Verfahrensfehler, es sei denn, der Lärm war so groß und dauerte so lange an, dass es den Schülern selbst bei gutem Willen und einiger Anstrengung unmöglich war, sich zu konzentrieren.

Eine Befangenheit des Prüfers kann ein Prüfling in der Regel auch nach der Prüfung noch geltend machen, zumal sich die Befangenheit oft erst während der Prüfung zeigt, und es dem Prüfling in aller Regel nicht zumutbar ist, die mangelnde Fairness während der Prüfung zu rügen. Das gilt vor allem, wenn der Prüfer das Recht des Prüflings auf ein faires Verfahren verletzt, indem er den Prüfling durch unsachliche Bemerkungen und Sarkasmus verunsichert.

Die für mündliche Prüfungen geltenden Maßstäbe können nicht ohne weiteres auf schriftliche Arbeiten übertragen werden, da der wesentliche Schutzzweck des Anspruchs auf ein faires Prüferverhalten, den Prüfling vor der Beeinträchtigung seiner Leistungsfähigkeit durch eine vom Prüfer ausgehende große psychische Belastung zu schützen, bei schriftlichen Arbeiten nicht gegeben sei (a.a.O., S. 12). Allerdings können Entgleisungen bei den schriftlichen Randbemerkungen auf einen Verstoß gegen das Gebot einer sachlichen Bewertung hinweisen (a.a.O., S. 13).

c) Allgemein anerkannte Bewertungsmaßstäbe

Überprüfen Gerichte, ob bei Leistungsbewertungen allgemein anerkannte Bewertungsmaßstäbe eingehalten wurden, hängt es von der Definition dieser Bewertungsmaßstäbe ab, welchen Umfang der pädagogische Beurteilungsspielraum hat.

Es handelt sich bei den allgemein anerkannten Bewertungsmaßstäben nicht um bestimmte pädagogische Maßstäbe, sondern um den Versuch, eine willkürliche Bewertung zu verhindern. Rechtswidrig sind daher beispielsweise ein extremes, sachlich nicht zu erklärendes Ungleichgewicht bei der Berücksichtigung von Einzelleistungen bei der Bildung der Gesamtnote, Widersprüche zwischen der Begründung einer Note und der Note selbst, ein falsches Verständnis der Notendefinitionen (z. B. „sehr gut“ setzt völlige Fehlerfreiheit voraus) oder die Berücksichtigung formaler Gesichtspunkte wie der Schönheit des Schriftbildes in einem sachlich oder rechtlich nicht gebotenem Maße.

d) Sachfremde Erwägungen

Zur Kategorie der sachfremden Erwägungen gehören die Befangenheit eines Lehrers sowie der Einsatz von Noten im Gegensatz zur erbrachten Leistung zu sachfremden Zwecken wie der Disziplinierung oder Belohnung.

e) Vertretbare Antworten und Lösungen

Zum Umfang dieses Beurteilungsspielraumes bei berufsbezogenen Prüfungsentscheidungen hat das Bundesverfassungsgericht in einem Beschluss ausgeführt. (BVerfG, → *Az.: 1 BvR 419/81–1 BvR 213/83; SPE 540 Nr. 1, S. 1–16)*

„Dieser (Bewertungsspielraum, d. Verf.) ist jedoch auf prüfungsspezifische Wertungen beschränkt, erstreckt sich also nicht auf alle fachlichen Fragen, die den Gegenstand der Prüfung bilden. (a.a.O., S. 11) Nur prüfungsspezifische Wertungen – vielfach mit fachlichen Urteilen untrennbar verknüpft – bleiben der Letztentscheidungskompetenz der Prüfungsbehörden überlassen. (a.a.O., S. 12) Daraus folgt, dass zutreffende Antworten und brauchbare Lösungen im Prinzip nicht als falsch bewertet werden und zum Nichtbestehen führen dürfen ... Eine vertretbare und mit gewichtigen Argumenten folgerichtig begründete Lösung darf nicht als falsch gewertet werden.“ (a.a.O., S. 14)

Die gerichtliche Kontrolle muss sich daher nach Auffassung des Bundesverfassungsgerichtes auch auf die fachliche Richtigkeit einer Leistung beziehen. Dabei dürfen nicht nur – wie es der bisherigen Rechtsprechung der Verwaltungsgerichte entsprach – fachwissenschaftlich eindeutig richtige Antworten eines Prüflings nicht als falsch bewertet werden, sondern jede vertretbare und mit gewichtigen Argumenten folgerichtig begründete Lösung ist als richtig zu werten.

Prüfungen, die den Zugang zu Berufen regeln, greifen in das Grundrecht der Berufswahlfreiheit (Art. 12 Abs. 1 GG) und alle schulischen Prüfungen in das der allgemeinen Handlungsfreiheit (Art. 2 Abs. 1 GG) ein. Daher gelten die vom Bundesverfassungsgericht entwickelten Grundsätze zumindest sinngemäß auch für schulische Leistungsbewertungen. *(→ Avenarius, S. 444)*

Zu dem weiterhin bestehenden Beurteilungsspielraum, der einer gerichtlichen Überprüfung nicht zugänglich ist, gehören prüfungsspezifische Wertungen, die „... vielfach mit fachlichen Urteilen untrennbar verknüpft ...“ sind. (BVerfG, a.a.O.)

Zu den prüfungsspezifischen Wertungen dürften z. B. der Schwierigkeitsgrad der gestellten Aufgabe, Genauigkeit, Klarheit und Umfang der Begründung einer Lösung sowie die Gewichtung der Einzelleistung bei der Gesamtbeurteilung gehören.

Dem Beurteilungsspielraum unterliegt aber nicht jede Bewertung der Leistung. Das zeigt der Satz: „Eine vertretbare und mit gewichtigen Argumenten folgerichtig begründete Lösung darf nicht als falsch gewertet werden." Ob Argumente vertretbar und gewichtig sind oder eine Begründung folgerichtig, lässt sich nur wertend feststellen. Ob die Interpretation eines geschichtlichen Ereignisses eine vertretbare und mit gewichtigen Argumenten folgerichtig begründete Interpretation ist, können z. B. verschiedene Geschichtslehrer und Historiker durchaus unterschiedlich beurteilen. Eine Klage- und Gutachtenflut, die die Verwaltungsgerichte in die Rolle von obersten Prüfungs- und Leistungsbewertungsbehörden drängen würde, verhindern die Forderungen des Bundesverfassungsgerichtes, der Prüfling müsse substantiierte Einwände erheben und den Nachweis führen, ein Bewertungsfehler könne sich auf die Notengebung ausgewirkt haben. Außerdem nehmen die Gerichte keine eigene Leistungsbewertung vor, sondern verpflichten die Prüfer zu einer erneuten, fehlerfreien Bewertung, bei der die Prüfer aber wiederum zur gleichen Gesamtbeurteilung kommen können.

2 Nachteilsausgleich und Notenschutz

F **LRS und Dyskalkulie**

Die Mutter einer Schülerin legt eine Bescheinigung einer Psychologin vor, in der ihrer Tochter eine Lese-Rechtschreibschwäche und eine Dyskalkulie bescheinigt werden. Sie fordert unter Berufung auf in der Bescheinigung ausgesprochene Empfehlungen von der Schule eine Verlängerung der Schreibzeit bei allen Klassenarbeiten, einen Verzicht auf die Bewertung der Rechtschreibleistungen, Aufgabenstellungen bei Klassenarbeiten in „einfacher Sprache", die angemessene Berücksichtigung der Dyskalkulie bei der Notengebung in Mathematik und die Möglichkeit, eine Arbeit bei zu großer Beeinträchtigung durch Lärm beenden und zu einem späteren Termin in einem ruhigen Raum nachschreiben zu können.

Fallfrage:
Welche Ansprüche werden zurecht gestellt?

Rechtslage:

Einer der zentralen Grundsätze der Leistungsbewertung ist der Anspruch aller Schüler auf Gleichbehandlung. Von allen Schülern sind dieselben Leistungen zu fordern, die anhand derselben Maßstäbe bewertet werden. Die Umstände, unter denen Leistungen zu erbringen sind, müssen ebenfalls für alle Schüler gleich sein.

Ist es einem Schüler aufgrund bestimmter Rahmenbedingungen (gesundheitliche Beeinträchtigungen, Behinderung) nicht möglich, eine Leistung unter gleichen Bedingungen zu erbringen, kann er einen Anspruch auf Nachteilsausgleich haben. Der Nachteilsausgleich steht nicht im Widerspruch zur Forderung der Chancengleichheit, sondern stellt die Chancengleichheit erst her. Beim Nachteilsausgleich werden weder die geforderte Leistung noch die Bewertung verändert, sondern es wird den Schwierigkeiten eines Schülers, seine vorhandenen Kenntnisse und Fähigkeiten unter Geltung einheitlicher Bedingungen darzustellen, durch angemessene und geeignete Ausgleichsmaßnahmen Rechnung getragen. Beispielsweise erhält ein Schüler mit motorischen Einschränkungen eine Verlängerung der Schreibzeit oder ihm wird ein Laptop zur Verfügung gestellt oder ein Schüler mit einer Sehschwäche darf ein Lesegerät benutzen.

Der Anspruch auf einen Nachteilsausgleich ergibt sich unmittelbar aus dem verfassungsrechtlichen Anspruch auf Chancengleichheit. Er muss daher nicht in einem Gesetz oder einer Vorschrift ausdrücklich gewährt werden. In einem Zeugnis wird der Nachteilsausgleich nicht erwähnt, da es nicht sinnvoll wäre, in einem Zeugnis darauf hinzuweisen, dass chancengleiche Bedingungen für alle Schüler herrschten. (Bundesverwaltungsgericht, Az.: 6 C 33.14; SchulRecht 11-12/2015, S. 170 ff.)

Der Notenschutz berücksichtigt das individuelle Leistungsvermögen der Schüler. Er verstößt gegen die Chancengleichheit, da er vom Schüler eine modifizierte Leistung fordert, auf bestimmte Leistungen verzichtet, die Bewertungsmaßstäbe ändert oder ganz auf eine Bewertung verzichtet. Der Notenschutz bevorzugt bestimmte Schüler. Eine derartige Bevorzugung kann bei behinderten Schülern zulässig sein, da eine generelle Versagung des Notenschutzes die begabungsgerechte Entfaltung dieser Schüler gefährden oder beeinträchtigen kann. „Dies gilt insbesondere dann, wenn der Schulabschluss Voraussetzung für die Aufnahme eines Berufs oder einer beruflichen Ausbildung ist, in denen die Behinderung nicht erschwerend ins Gewicht fällt." (Bundesverwaltungsgericht, a.a.O., Seite 171) Es gibt aber keinen unmittelbar aus der Verfassung ableitbaren generellen Anspruch Behinderter auf Notenschutz. Der Notenschutz wird auf einem Zeugnis vermerkt, da andernfalls die Aussagekraft des Zeugnisses leidet, da die Noten teilweise nicht nach den allgemeinen Bewertungskriterien zustandegekommen sind. Notenschutz darf nur gewährt werden, wenn er in einem Gesetz ausdrücklich vorgesehen ist. (Bundesverwaltungsgericht, a.a.O., Seite 172)

Die Schule ist an die Empfehlungen der Psychologin nicht gebunden, da sie die pädagogischen Konsequenzen aus einer psychologischen Diagnose selbst zieht. Sie nimmt die Handlungsempfehlungen nur zur Kenntnis, um sie in ihre Entscheidungsprozesse einzubeziehen.

Eine Verlängerung der Schreibzeit kann als Nachteilsausgleich bei Klassenarbeiten gewährt werden, bei denen sich eine verlangsamte Lese- und Schreibgeschwindigkeit auswirkt. Die Schule entscheidet, ob sie diesen Nachteilsausgleich für erforderlich hält. Ein Verzicht auf die Bewertung der Rechtschreibleistungen stellt einen Notenschutz dar, der nur zulässig ist, wenn es für ihn eine gesetzliche Grundlage gibt.

Das sprachliche und inhaltliche Verständnis der Aufgabenstellungen ist Teil der geforderten Leistung. Eine Aufgabenstellung in „einfacher Sprache" für einzelne Schüler stellt einen unzulässigen Notenschutz dar, da die geforderte Leistung verändert wird und zudem die Gefahr impliziter Lösungshinweis besteht.

Die Fähigkeit, mathematische Aufgaben in einer vorgegebenen Zeit zu verstehen und zu lösen, stellt den Kern der geforderten Leistung dar. Ein Notenschutz in Form einer teilweise unterlassenen oder im Vergleich zu den Mitschülern günstigeren Bewertung ist daher rechtswidrig. (Verwaltungsgericht Braunschweig, Az.: 6 A 204/12; SchulRecht 5-6/2014, S. 79 ff.)

Eine besondere persönliche Lärmempfindlichkeit gehört zu den persönlichen Eigenarten, die sich auf Leistungen auswirken, ohne zu einem Nachteilsausgleich zu führen. In keinem Fall darf der Schülerin gestattet werden, nach eigenem Gutdünken eine Klassenarbeit abzubrechen und zu einem späteren Termin nachzuschreiben. Sie kann allenfalls – wie jeder Schüler – eine ungewöhnliche Lärmbeeinträchtigung während einer Klassenarbeit rügen und die Rechtmäßigkeit der Klassenarbeit infrage stellen.

3 Umfang der schulaufsichtlichen Überprüfung

F Die strenge Benotung

Schüler S wendet sich mit der Bitte an die Schulaufsicht, die Note „mangelhaft" in der letzten Mathematikarbeit zu überprüfen und zu korrigieren, da die in der Arbeit gestellten Anforderungen zu hoch und die Bewertung zu streng gewesen seien.

Fallfragen:
- Welchen Umfang hätte eine gerichtliche Überprüfung?
- Zu welchem Ergebnis käme eine gerichtliche Überprüfung?
- Welchen Umfang hat die Überprüfung durch die Schulaufsicht?
- Zu welchem Ergebnis wird die Schulaufsicht kommen?

Lösung:

Die gerichtliche Überprüfung einer Leistungsbewertung bezieht sich ausschließlich auf die im vorherigen Kapitel genannten Kriterien. Pädagogische Entscheidungen, zu denen das Anspruchsniveau einer Klassenarbeit und die eher strenge oder eher nachsichtige Bewertung gehören, fallen in den pädagogischen Beurteilungsspielraum und werden von den Gerichten nicht überprüft, solange sie sich im Rahmen der Ausbildungsordnungen, Lehrpläne und Richtlinien halten. Eine gerichtliche Überprüfung würde daher nicht zu einer Aufhebung der Note führen.

Eltern und Schüler können mit einer Beschwerde gegen Leistungsbewertungen vorgehen. Helfen die Lehrer oder die Schulleitung im Einverständnis mit dem Lehrer der Beschwerde nicht ab, können die Eltern und der Schüler sich an die Schulaufsicht wenden. Für Eltern gibt es keinen Dienstweg, Sie können ihre Beschwerde daher auch unmittelbar bei der Schulaufsicht einreichen.

Die Schulaufsicht übt die Fachaufsicht aus. Die Fachaufsicht bezieht sich sowohl auf die Rechtmäßigkeit als auch auf die Zweckmäßigkeit des Handelns der Lehrer. Die Schulaufsicht wird daher auch die pädagogische Zweckmäßigkeit, also zum Beispiel das Anspruchsniveau einer Klassenarbeit und einer Bewertung, überprüfen. Das Ergebnis dieser Überprüfung lässt sich nicht vorhersagen, da es von den fachwissenschaftlichen und pädagogischen Auffassungen des jeweiligen Aufsichtsbeamten abhängt.

Eine strikte Begrenzung der schulaufsichtlichen Überprüfung auf die Rechtsaufsicht gibt es in keinem Bundesland. Nicht unerhebliche Einschränkungen haben allerdings Mecklenburg-Vorpommern, Hessen und Niedersachsen vorgenommen. Hier dürfen pädagogische Bewertungen nur korrigiert werden, wenn Verfahrens- oder Rechtsvorschriften verletzt wurden, bei Annahme falscher Voraussetzungen, sachfremden Erwägungen oder Verstoß gegen allgemein anerkannte pädagogische Grundsätze oder Bewertungsmaßstäbe. Die anderen Bundesländer kennen nur geringfügige oder keinerlei Einschränkungen der Fachaufsicht.

Als Begründung für eine die Rechtmäßigkeit und Zweckmäßigkeit umfassende Prüfungskompetenz der Schulaufsicht kann die pädagogische und fachliche Kompetenz der Schulaufsichtsbeamten, die den Richtern fehlt, angeführt werden.

Eine solche Kompetenz hätten aber auch gerichtlich bestellte Sachverständige. Außerdem kann die pädagogische und fachliche Kompetenz der Schulaufsichtsbeamten Befugnisse nur rechtfertigen, wenn sie eine den Urteilen der Lehrer gleichwertige, sachliche Beurteilung einer Situation ermöglicht. Das ist aber bei der Überprüfung von Noten nicht der Fall. Die Zeugnisnoten und auch die Note für eine Klassenarbeit beruhen auf der Kenntnis der von allen Schülern einer Klasse erbrachten Leistungen, der Entwicklung der Leistungen eines einzelnen Schülers und der gesamten Klasse über einen gewissen Zeitraum sowie der Kenntnis des der Leistungsbeurteilung vorausgegangenen Unterrichts. Leistungen werden in einer sehr komplexen, nicht wiederholbaren Situation beurteilt. Einer Überprüfung durch Dritte sind daher schon aus sachlichen Gründen nur die von der Rechtsprechung genannten Bereiche zugänglich. Dem Anspruch der Schüler auf den Schutz ihrer Rechte und Interessen genügt eine an diesen Kriterien orientierte Überprüfung vollkommen, zumal die Rechtsprechung des Bundesverfassungsgerichts auch gewisse Überprüfungsmöglichkeiten der fachlichen Richtigkeit einer Leistungsbewertung im Hinblick auf die Vertretbarkeit einer Antwort eröffnet.

Es ist in der juristischen Literatur und der Rechtsprechung umstritten, ob die Schulaufsicht die Bewertung des Lehrers trotz der Eigenart dieser Wertung als höchstpersönliches Fachurteil durch eine eigene Beurteilung ersetzen darf. Es ist der Auffassung zuzustimmen, dass die Bewertung des Lehrers wegen der Eigenart dieser Wertung als höchstpersönliches Fachurteil nicht durch die eigene pädagogische Beurteilung der Fachaufsicht ersetzt werden darf. (Avenarius, S. 459 f.)

Eine eigenständige Beurteilung durch die Fachaufsicht ist ohnehin allenfalls bei schriftlichen Leistungen der Schüler denkbar, da mündliche Leistungen nicht nachholbar oder wörtlich dokumentiert sind. So ist eine Überprüfung eines nicht wiederholbaren Prüfungsgesprächs unmöglich, da der Schulaufsicht der für eine eigene Urteilsbildung unverzichtbare unmittelbare Eindruck fehlt.

Diese Auffassung wird im Hinblick auf Prüfungsgespräche auch vom Bundesverwaltungsgericht vertreten: „Eine Begrenzung verwaltungsinterner Kontrollmöglichkeiten mag sich … der Sache nach daraus ergeben, dass die Bewertung einer Leistung die volle Kenntnis der Leistung voraussetzt. Leistungen, die etwa in Prüfungsgesprächen erbracht worden sind, wird eine übergeordnete Behörde, deren Organwalter der Prüfung nicht persönlich beigewohnt haben, im allgemeinen nicht mehr uneingeschränkt selbst bewerten können."(BVerwGE 57, 130; SPE a. F.S. III F I S. 95-95p, hier: S. 950)

Die fachaufsichtlichen Befugnisse der Schulaufsicht bei der Überprüfung von Leistungen sind nach in der juristischen Literatur vertretenen Auffassungen sowohl bei schriftlichen als auch bei mündlichen Leistungen aus der Natur der Sache begrenzt. „Auch bei der Bewertung von Schülerleistungen ... handelt der Lehrer in eigener Verantwortung: Diese ... ergibt sich aus der Eigenart der Wertung, so weit sie ein höchstpersönliches Fachurteil enthält. Die Schulbehörde darf daher die Bewertung des Lehrers nicht durch die eigene Bewertung ersetzen." (Avenarius, S. 459 f.)

Die Beratung durch die Schulaufsicht kann allerdings zu einer rechtssicheren Begründung einer Leistungsbewertung beitragen. Eine Begründung kann auch im Widerspruchsverfahren und sogar noch im erstinstanzlichen gerichtlichen Verfahren präzisiert, ergänzt oder geändert werden. Erkennt die Schulaufsicht in Begründungen schulischer Leistungsbeurteilungen Ungenauigkeiten oder rechtlich relevante Fehler, sollte sie daher nicht vorrangig an eine Aufhebung der schulischen Entscheidung denken, sondern an die Möglichkeit einer Nachbesserung.

Für eine umfassende Überprüfungskompetenz, die sich auch auf den Schwierigkeitsgrad einer Klassenarbeit und das Anforderungsniveau bei der Bewertung bezieht und damit den pädagogischen Beurteilungsspielraum der Lehrer vollständig beseitigt, könnte die durch die Schulaufsicht zu fördernde Einheitlichkeit der Bewertungspraxis angeführt werden. Tatsächlich gefährdet aber ein Recht der Schulaufsicht, Noten aus pädagogischen Gründen abzuändern, die Chancengleichheit der Schüler. Die Beurteilung durch die Schulaufsicht bietet einzelnen Schülern eine zweite Beurteilungschance. Bei mündlichen Leistungen kommt hinzu, dass sie in einer nicht rekonstruierbaren Situation erbracht wurden.

Für Schüler gilt wie für Prüflinge: „Würde ein Prüfling es allein mit dem Begehren auf ein Überdenken der Prüfungsentscheidung ... erreichen können, dass seine Leistungen nunmehr durch andere Personen nochmals bewertet werden, würde er damit gegenüber anderen Prüflingen einen unberechtigten Vorteil erlangen." (Niehues, Prüfungsrecht, RdNr. 321)

Auf den Zusammenhang zwischen dem pädagogischen Beurteilungsspielraum und der Gleichbehandlung der Prüflinge weist auch das Bundesverfassungsgericht ausdrücklich hin: „Nach dem Grundsatz der Chancengleichheit, der das Prüfungsrecht beherrscht ..., müssen für vergleichbare Prüflinge so weit wie möglich vergleichbare Prüfungsbedingungen und Bewertungskriterien gelten. Mit diesem Grundsatz wäre es unvereinbar, wenn einzelne Kandidaten ... die Chance einer vom Vergleichsrahmen unabhängigen Bewertung erhielten. Die gleichmäßige Beurteilung aller vergleichbaren Kandidaten würde tiefgreifend beeinträchtigt. Sie ist nur erreichbar, wenn den Prüfungsbehörden ... ein Entscheidungsspielraum verbleibt und die gerichtliche Kontrolle insoweit eingeschränkt wird." (Bundesverfassungsgericht, SPE 540 Nr. 1, S. 12)

Bisher haben allerdings nur wenige Bundesländer einem richtigen Verständnis des Charakters schulischer Leistungsbewertungen folgend die Überprüfungsbefugnis der Schulaufsicht im Wesentlichen auf eine Überprüfung der Rechtmäßigkeit einer Leistungsbewertung beschränkt.

Bei rechtswidrigen Leistungsbeurteilungen durch Lehrer darf keine fiktive Note erteilt werden. Die Leistung ist entweder neu zu bewerten oder neu zu erbringen. Eine Verbesserung der Note eines Schülers wegen einer unterlassenen oder von der Schulaufsicht als nicht ausreichend angesehenen individuellen Förderung des Schülers wäre rechtswidrig, da bei einer derartigen Notenanhebung nicht eine tatsächlich erbrachte, bessere Leistung, sondern ein fiktiver Verlauf, der auf der Annahme beruht, dass sich bei einer besseren Förderung die Leistungen verbessert hätten, zur Grundlage der Leistungsbewertung gemacht würde.

Bei Beschwerden und Widersprüchen müssen Eltern und Schüler konkrete und substantiierte Einwände gegen die Leistungsbeurteilung vorbringen. Fehlt es daran, haben die Schule, die Schulaufsicht und die Gerichte keine Veranlassung zu einer eigenen Fehlersuche. Offensichtliche Fehler sind selbstverständlich zu prüfen und zu korrigieren. „Die Untersuchungsmaxime verpflichtet das Verwaltungsgericht nicht, das Prüfungsgeschehen von sich aus auf Fehler zu überprüfen. Vielmehr obliegt es dem Prüfling, konkrete und substantiierte Einwendungen gegen bestimmte Bewertungen der Prüfer vorzubringen. Im Hinblick auf eine als falsch bewertete Antwort auf eine Fachfrage muss der Prüfling die fachwissenschaftliche Richtigkeit bzw. Vertretbarkeit seiner Lösung mithilfe objektiver Kriterien, z. B. unter Bezugnahme auf qualifizierte Äußerungen in der Fachliteratur deutlich machen. Rügt er die prüfungsspezifischen Bewertungen der Prüfer, so genügt er seiner Darlegungslast, wenn er konkrete Fakten und Umstände darlegt, nach denen die Wertungen trotz des den Prüfern verbleibenden Bewertungsspielraums als rechtsfehlerhaft zu qualifizieren sind." (Verwaltungsgericht Braunschweig, Az.: 6 A 50/13; SchulRecht 7-8/2014, S. 109)

F **Mängel der individuellen Förderung**
Eine Schülerin geht gegen ihre Nichtversetzung vor, da die Schule erforderliche Fördermaßnahmen unterlassen habe, obwohl das Schulgesetz die Schulen zur individuellen Förderung der Schüler verpflichtet. Zwar seien ihren Eltern die individuellen Defizite dargestellt und bestimmte Ratschläge gegeben worden, außer einem Zusatzangebot im Fach Englisch habe die Schule jedoch keine speziellen Fördermaßnahmen ergriffen.

Fallfrage:
Führt das Unterlassen von Fördermaßnahmen zur Rechtswidrigkeit der Notengebung?

Rechtslage:

Das Verwaltungsgericht Berlin (Az.: 3 K 271/12; SchulRecht 5-6/2014, S. 73) hat die Klage abgewiesen, da sich die geltend gemachte Rechtswidrigkeit der Nichtversetzung auch nicht daraus ergebe, dass die Schule ihre Pflicht verletzt hätte, Fördermaßnahmen festzulegen, nachdem sich für die Schülerin eine Gefährdung ihrer Versetzung abzeichnete: „Abgesehen davon, dass der Schülerin die Möglichkeit geboten wurde, während der Monate November und Dezember sowie März und April durch Oberstufenschüler betreut zu werden und für sie im Februar für das Fach Englisch ein Förderplan erstellt und darin individuelle Fördermaßnahmen aufgezeigt wurden, hätte ein dahingehendes Unterlassen weder einen Anspruch auf Erteilung einer besseren Note noch auf Versetzung begründen können.

Sind die Erziehungsberechtigten der Auffassung, dass die individuellen Fördermaßnahmen mängelbehaftet oder unzureichend sind, so haben sie die Obliegenheit, diese Mängel unverzüglich gegenüber der Schule anzuzeigen, da nur bei einer zeitnahen Klärung und Behebung etwaiger Mängel das Versetzungsziel erreicht werden kann. Die Schülerin hat nicht dargelegt, dass sie oder ihre schon mit dem Halbjahreszeugnis über den schlechten Leistungsstand informierten Erziehungsberechtigten hinsichtlich der festgelegten Fördermaßnahmen Einwände erhoben oder Abhilfe begehrt hätten. Das Unterlassen individueller Fördermaßnahmen begründet weder einen Anspruch auf Erteilung einer besseren Note noch auf Versetzung. Das Gesetz enthält keine Vorgaben für bestimmte Fördermaßnahmen."

VII Aufsicht und Haftung

Die Vorschriften der Länder zur Aufsichtspflicht verwenden weite, unbestimmte Begriffe wie Gefährdung, Entwicklungsstand und Verantwortungsbewusstsein, die sehr unscharf sind. Diese Unschärfe ist aber eher in Kauf zu nehmen, als eine zu enge Formulierung oder gar die Aufzählung von Einzelfällen, die zahlreiche Aufsichtssituationen von vornherein gar nicht erfassen würden. Sehr detaillierte Regelungen finden sich dagegen häufig bei den Sicherheitsvorschriften für einzelne Fächer oder für außerunterrichtliche Aktivitäten wie Schlittschuhlaufen oder Klassenfahrten.

Die weite Formulierung der Normen zur Aufsichtspflicht entspricht der unendlichen Vielzahl denkbarer Situationen, bei denen nur bezogen auf den konkreten Einzelfall unter Berücksichtigung aller Umstände entschieden werden kann, ob eine Verletzung der Aufsichtspflicht vorliegt.

1 Kontinuierliche Aufsicht

Die Aufsicht ist kontinuierlich, wenn die Schüler sich jederzeit beaufsichtigt fühlen. Selbstverständlich ist es Lehrern nicht möglich, jeden einzelnen Schüler ständig zu beaufsichtigen, die Schüler dürfen aber nie das Gefühl haben, eine Beobachtung durch Lehrer sei für eine gewisse Zeit völlig auszuschließen. Aus diesem Grundsatz ergibt sich beispielsweise die Verpflichtung, bei der Aufsicht auf dem Schulhof, bei Unterrichtsgängen und Wanderungen häufiger den Standort zu wechseln und die Aufmerksamkeit auf die Aufsicht zu richten und nicht auf intensive Gespräche mit Kollegen oder Schülern.

2 Präventive und aktive Aufsicht

Das Erfordernis der präventiven Aufsichtsführung verlangt von Lehrern, mögliche Gefahren vorausschauend zu erfassen, indem sie versuchen, typische Gefahren zu erkennen. Lehrer sind verpflichtet, Hinweisen auf besondere Gefahren, etwa einer vorübergehend vorhandenen Großbaustelle, nachzugehen, um sich Klarheit über das Ausmaß der möglichen Gefährdung zu verschaffen.

Die Aufsicht ist aktiv auszuüben. Sie darf sich nicht auf Hinweise und Belehrungen beschränken, sondern umfasst die Kontrolle des Verhaltens der Schüler und das Eingreifen bei absehbarem Fehlverhalten. Es genügt daher nicht, Schüler auf mögliche Gefahren aufmerksam zu machen und sie vor bestimmten Verhaltensweisen zu warnen, vielmehr muss der Lehrer sich an die Gefahrenstelle begeben, um bei falschem Verhalten der Schüler sofort eingreifen zu können.

F Aufsicht und Körperverletzung

Ein zehn Jahre alter Schüler der vierten Klasse eines sonderpädagogischen Förderzentrums hielt sich gegen 13:25 Uhr zusammen mit 46 weiteren Schülern der Klassen 1 – 4 vor der Schule im Bereich der Bushaltestelle auf. Sämtliche Schüler warteten auf den Schulbus. Die Busaufsicht wurde von zwei Lehrerinnen ausgeübt. Der Schüler rannte im Bereich der Bushaltestelle herum und trat hierbei mit dem Schuh in die Wade der Lehrerin. Trotz Aufforderung der Lehrerin entschuldigte sich der Schüler nicht. Im weiteren sprang er in Pfützen und bespritzte hierdurch Schüler der ersten Klasse mit Matsch. Aufforderungen der Lehrerin folgte er nicht. Er war nach Aussage der Lehrerin „außer Rand und Band". Schlussendlich packte die Lehrerin den Schüler am linken Oberarm und zog ihn in das Bushäuschen. Am Oberarm des Schülers traten eine längliche Rötung und ein kleines Hämatom auf.

Fallfrage:
Hat die Lehrerin eine Körperverletzung begangen?

Rechtslage:

Die Lehrerin hat eine fahrlässige Körperverletzung begangen, die aber nicht rechtswidrig ist, da sie zu ihrem Handeln befugt war. Das Amtsgericht Augsburg (Az.: 15 C 259/09; SchulRecht 9-10/2014, S. 146 f.) hat die Klage abgewiesen: „Nicht gerechtfertigt war diese Aktion aufgrund des Trittes in die Wade. Es kann offen bleiben, ob dieser Tritt absichtlich oder fahrlässig erfolgte. Jedenfalls war zu dem Zeitpunkt, als die Lehrerin den Schüler in das Bushäuschen zog, dieser Vorfall schon abgeschlossen und es bestand kein gegenwärtiger Angriff, der eine Notwehr gerechtfertigt hätte.

Gerechtfertigt war das Tun der Lehrerin aber als Nothilfe. Der Schüler bespritzte mit Absicht andere Kinder durch Springen in matschige Pfützen. Die Lehrerin war im Rahmen ihrer Aufsichtspflicht verpflichtet, den Schüler hiervon abzuhalten und das Eigentum der anderen Schüler zu schützen.

Ein weiterer Rechtfertigungsgrund ergibt sich aus der Aufsichtspflicht als Lehrkraft. ... Die Aufsichtspflicht umfasst auch das Recht und die Pflicht zu einem körperlichen Eingreifen, sollte ein Schüler sich selbst oder andere Kinder gefährden oder schädigen. Für das Gericht steht fest, dass der Schüler bei dem Vorfall für Belehrungen und Ermahnungen nicht zugänglich war. Der Schüler war „außer Rand und

Band", er tobte herum, es bestand die Gefahr, dass er den Sicherheitsbereich verlässt, er beschmutzte andere Schüler. Die Lehrerin als aufsichtsführende Lehrkraft war aufgrund dieses Verhaltens verpflichtet, den Schüler zum eigenen Schutz und zum Schutz der anderen Kinder körperlich festzuhalten. Sie war berechtigt, ihn am Oberarm zu packen und in das Bushäuschen zu ziehen. Diese Aktion war angemessen und verhältnismäßig. Das hierdurch (ungewollte) geringfügige Verletzungen verursacht wurden, hat der Schüler hinzunehmen."

Die Kriterien der kontinuierlichen, präventiven und aktiven Aufsichtsführung können nicht unabhängig voneinander beurteilt werden, sondern nur in gegenseitiger Abhängigkeit. Außerdem ist die Verpflichtung der Schule, ein möglichst hohes Maß an Sicherheit für die Schüler und andere Personen zu gewährleisten, mit dem Ziel, die Schüler zur Selbstständigkeit zu erziehen, in Einklang zu bringen.

F **Steinwürfe vom Schulhof**

Von einem Schulhof einer Grundschule aus, auf dem eine Lehrerin Aufsicht führt, die vor allem auf eine in dem Pausenhofbereich gelegene Kletteranlage achtet, werfen Schüler Steine in den Swimmingpool auf einem Nachbargrundstück. Durch die Steinwürfe wird die Bodenplane des Swimmingpools beschädigt. Der Eigentümer des Swimmingpools behauptet, schon häufiger hätten sich in den Unterrichtspausen Schüler der Grundschule an seinem Gartenzaun versammelt und Steine und Äste über den Zaun geworfen. Seine Frau habe mehrfach am Zaun verschiedene Aufsicht führende Lehrerinnen darauf hingewiesen. Die Hinweise hätten jedoch keine Besserung gebracht.

Fallfrage:
Hat die Lehrerin ihre Aufsichtspflicht verletzt? Hat die Schulleitung ihre Pflicht zur Organisation einer ausreichenden Aufsicht verletzt?

Das Landgericht Bonn (Az.: 1 O 110/12; SchulRecht 3-4/2013, S. 35 f.)) hat die Klage abgewiesen: „Das Ausmaß der notwendigen Beaufsichtigung ist von den konkreten Umständen des Einzelfalls abhängig. Dabei sind die Erziehungsziele und die den Kindern zuzutrauende und zuzumutende Eigenverantwortung zu berücksichtigen. Bei Grundschulkindern auch schon der ersten und zweiten Klasse ist es ohne konkreten Anlass nicht erforderlich, eine Überwachung durch ständigen Sichtkontakt, wie sie bei Kindergartenkindern noch erfolgen kann und muss, sicherzustellen. Denn es ist Ziel der Erziehung in der Grundschule, den Kindern eine gewisse Eigenständigkeit zu vermitteln, wobei schon davon ausgegangen werden kann, dass sie ein grundlegendes Unrechtsbewusstsein betreffend solcher Sachen haben, die jedenfalls nicht ihnen selbst gehören. Es wäre daher widersinnig, den Kindern das Gefühl ständiger Beobachtung zu vermitteln. Weiter ist es schon von der Personalausstattung der Schule her jedenfalls auf dem Pausenhof nahezu unmöglich, eine vollständige, permanente Überwachung aller Kinder sicherzustellen.

Es könnte daher nur in Betracht kommen, dass die Schule besonders sensible Bereiche, wie etwa hier die Grundstücksgrenze des Nachbarn, mit einer eigens abgestellten Lehrkraft überwacht, also nicht die Kinder, sondern die Örtlichkeit beaufsichtigt. Für eine solche besondere Maßnahme bedarf es allerdings aus Gründen der Zumutbarkeit eines besonderen Anlasses, an dem es hier jedoch fehlt.

Dabei kann zu Gunsten des Nachbarn zugestanden werden, dass es schon häufiger zu Steinwürfen durch Kinder in den Garten gekommen war und verschiedene Aufsichtskräfte durch die Ehefrau des Nachbarn darauf angesprochen wurden. Eine Pflicht der einzelnen, die Aufsicht führenden Lehrkraft zur unbedingten Weitergabe von Beschwerden Dritter besteht nicht, zumal es nicht Teil des Vortrags des Nachbarn ist, dass eine Weitergabe an die Schulleitung zugesagt wurde. Denn sowohl objektiv, wie auch subjektiv aus Sicht der Lehrkraft ist es zumutbar und zu erwarten, dass sich der Nachbar mit Kritik, welche die Organisation der Pausenaufsicht betrifft, an die organisierende Stelle, die Schulleitung, wendet.“ Die Schulleitung ist aber im vorliegenden Fall nicht informiert worden.

Neben einer altersangemessenen Beaufsichtigung, die auch das Erziehungsziel der Selbstständigkeit berücksichtigt, begrenzt die Zumutbarkeit von Aufsichtsmaßnahmen die Aufsichtspflicht. Im vorliegenden Fall wäre der Einsatz einer zweiten Aufsichtspersonen zur Kontrolle der Grenze zum Nachbargrundstück möglich, wegen des damit verbundenen dauerhaften und erheblichen Personalaufwandes durch eine Verdoppelung jeder Pausenaufsicht auf dem Schulhof der Schule aber nicht zumutbar gewesen. Selbst wenn die Schulleitung vom Nachbarn über die Vorfälle informiert worden wäre, wäre sie also nicht verpflichtet gewesen, dauerhaft eine zweite Aufsicht einzuteilen. Ein ausdrückliches Verbot durch die Klassenlehrerinnen und eine erhöhte Aufmerksamkeit der Aufsicht führenden Lehrerin für die Gefahrenlage hätten ausgereicht.

3 Umfang und Übertragung der Aufsichtspflicht

Die Aufsichtspflicht besteht nicht nur gegenüber minderjährigen Schülern, sondern auch gegenüber volljährigen Schülern, da die Schule auch diesen Schülern gegenüber eine Fürsorge- und Schutzpflicht hat. Allerdings sind die Anforderungen an Aufsichtsmaßnahmen gegenüber volljährigen Schülern entsprechend dem Alter, Entwicklungsstand und Verantwortungsbewusstsein dieser Schüler weniger hoch als bei minderjährigen Schülern. Bei volljährigen Schülern gilt der Grundsatz der aktiven Aufsicht nur eingeschränkt. In aller Regel reicht eine bloße Belehrung über mögliche Gefahren aus, da volljährige Schüler grundsätzlich für ihr Verhalten selbst verantwortlich sind und eine ausreichende Einsichtsfähigkeit und Selbstdisziplin vorausgesetzt werden muss.

Der Verwaltungsgerichtshof Baden-Württemberg führt zum Umfang der Aufsichtspflicht aus: „Diese aus dem staatlichen Erziehungsauftrag des Artikel 7 Absatz 1 GG und dem Minderjährigenschutz folgende Aufsichtspflicht der Schule geht dahin, die ihr anvertrauten unmündigen Schüler vor körperlichen und materiellen Schäden zu bewahren und zu verhindern, dass andere Personen (Mitschüler, sonstige Dritte) durch sie einen Schaden erleiden; ... die Aufsichtspflicht ist räumlich begrenzt auf die schulischen Anlagen und Orte, an denen schulische Veranstaltungen stattfinden. In zeitlicher Hinsicht setzt sie eine angemessene Zeit vor Schulbeginn ein, erstreckt sich auf die gesamte Unterrichtszeit ... und endet eine angemessene Zeit nach Beendigung des Unterrichts“. *(VGH BaWü, → Az.: 9 S 592/86i; SPE 140 Nr.9 S.11–19, hier: S.14)*

Eine Übertragung von Aufsichtsaufgaben auf andere Personen, z. B. Hausmeister oder Eltern, ist nicht ausgeschlossen, die Aufsicht bleibt aber letztlich immer eine Aufgabe der Lehrer: „... auch für die unterrichtsfreien Zeiträume bleibt die Beaufsichtigung der Schüler während ihres Aufenthaltes im Schulbereich eine erzieherische und betreuende Aufgabe, die an das Lehramt gekoppelt ist und daher ... Sache ... der Lehrer ...ist. Das bedeutet insbesondere, dass der Schulhausmeister als verantwortlich zu betrauende Aufsichtsperson grundsätzlich ausscheidet. ... Das schließt nicht aus, gelegentlich auch einmal den Schulhausmeister ... unterstützend zur Aufsichtsführung über die Schüler mit heranzuziehen“. (a.a.O., S. 15)

Da die letzte Verantwortlichkeit für die Aufsicht immer bei den Lehrern liegt, müssen sie Personen, die unterstützend zur Aufsichtsführung herangezogen werden, sorgfältig auswählen. Sind Eltern bereit, bei einer Feier in der Schule oder einer Klassenfahrt unterstützend tätig zu werden, müssen die zuständigen Lehrer entscheiden, ob die Eltern grundsätzlich geeignet sind, Aufsichtsaufgaben zu übernehmen und mit welchen konkreten Aufgaben man die Eltern betrauen kann. Für die Auswahl geeigneter Aufsichtspersonen und die Übertragung konkreter Aufgaben bleibt der Lehrer verantwortlich.

Der Schulträger ist verantwortlich für die Sicherheit des Gebäudes und Geländes. Auf Grund seiner Verkehrssicherungspflicht muss er das Grundstück und Gelände so einrichten, dass Schüler, Besucher und sonstige bestimmungsgemäße Benutzer vor Gefahren bewahrt werden. Auch bei einem vom Förderverein und Lehrern organisierten Schulfest wird der Schulträger nicht von jeder Verkehrssicherungspflicht befreit und kann daher im Falle eines Unfalles haftbar gemacht werden (LG Bonn, Az.: 1 O 355/97; SchulRecht 3/2002, S. 57 f.). Der Schulträger hat Schüler auch vor den Folgen ihrer Unerfahrenheit und Unbesonnenheit zu schützen, kann allerdings auch darauf vertrauen, dass Kinder sich offensichtlich aufdrängenden Gefahren ausweichen (Bundesgerichtshof, Az.: VI ZR 379/98; SchulRecht 3/2003, S. 55 f.).

4 Haftung bei Verletzung der Aufsichtspflicht

Bei der Haftung des Lehrers sind Personenschäden, die zur Schule gehörende Personen, also vor allem Schüler und Lehrer, erleiden, und Personenschäden Dritter sowie Sachschäden der zur Schule gehörenden Personen oder Dritter zu unterscheiden.

Bei Personenschäden der zur Schule gehörenden Personen, die auf eine Verletzung der Aufsichtspflicht zurückzuführen sind – Schüler werden bei einer Prügelei auf dem Schulhof verletzt – entsteht ein Anspruch des Geschädigten gegen den Träger der gesetzlichen Unfallversicherung. Dieser Anspruch umfasst die Heilbehandlung und einen eventuellen Rentenanspruch.

Der Geschädigte muss nicht nachweisen, dass der aufsichtsführende Lehrer schuldhaft seine Pflicht verletzt hat, er hat aber auch keine Ansprüche gegen den Lehrer oder dessen Dienstherren. Er ist auf seine Ansprüche gegen den Träger der gesetzlichen Unfallversicherung beschränkt. Der Lehrer wird also gegenüber dem Schüler von jeder unmittelbaren Haftung für Personenschäden befreit. Diese Haftungsfreistellung entfällt lediglich bei einer vorsätzlichen Aufsichtspflichtverletzung. In diesem Fall kann der Schüler Ansprüche unmittelbar dem Lehrer gegenüber geltend machen oder sich an die Gesetzliche Unfallversicherung wenden, die dann Regress beim Lehrer nehmen kann.

Der Träger der gesetzlichen Unfallversicherung kann auch dann gegen den Lehrer einen Regressanspruch geltend machen, wenn der Lehrer grob fahrlässig gehandelt hat. Bei fahrlässigem Handeln bestehen keinerlei Ansprüche gegen den Lehrer.

Der im Gegensatz zum vorsätzlichen Handeln praktisch bedeutsamere Fall des grob fahrlässigen Fehlverhaltens liegt aber nur selten vor, da Voraussetzung für ein grob fahrlässiges Verhalten ein Außerachtlassen der offenkundigsten und naheliegendsten Überlegungen ist, die sich in der gegebenen Situation geradezu aufdrängen müssen. Maßstab ist dabei nicht das Verhalten eines gedachten perfekten Lehrers, sondern das eines durchschnittlich sorgfältigen Lehrers.

Es kann in einem konkreten Fall umstritten sein, ob die Aufsichtspflicht erfüllt wurde oder ob die Nichterfüllung der Aufsichtspflicht ursächlich für den eingetretenen Schaden war. Lassen sich diese Fragen nicht eindeutig beantworten, kommt es entscheidend auf die Beweislast an. In dieser Frage hat der Bundesgerichtshof seine Rechtsprechung vor einigen Jahren grundlegend geändert. Über Jahrzehnte hatte er es abgelehnt, den § 832 Abs. 1 BGB, der für die Aufsicht von Eltern über ihre minderjährigen Kinder und die Aufsicht auf der Grundlage von Vertragsverhältnissen zum Beispiel in privaten Kindergärten oder Schulen in privater Trägerschaft gilt, auch auf die Aufsicht an öffentlichen Schulen anzuwenden. Daher musste ein Geschädigter glaubhaft machen, dass gegen Regeln der Aufsichtsführung verstoßen worden war und dass diese Verstöße ursächlich waren für den eingetretenen Schaden. Diese Auffassung hat der Bundesgerichtshof aufgegeben (Urteil vom 13.12.2012, Az.: III ZR 226/12; SchulRecht 5-6/2013, S. 60 ff) und den § 832 Abs. 1 BGB auch auf die Erfüllung der Aufsichtspflicht an öffentlichen Schulen angewandt.

§ 832 Abs. 1 BGB:

„Wer kraft Gesetz zur Führung der Aufsicht über eine Person verpflichtet ist, die wegen Minderjährigkeit … der Beaufsichtigung bedarf, ist zum Ersatz des Schadens verpflichtet, den diese Person einem Dritten widerrechtlich zufügt. Die Ersatzpflicht tritt nicht ein, wenn er seiner Aufsichtspflicht genügt oder wenn der Schaden auch bei gehöriger Aufsichtsführung entstanden sein würde."

Eine zur Aufsichtsführung verpflichtete Person haftet danach für einen durch die zu beaufsichtigende Person angerichteten Schaden, es sei denn, sie kann darlegen, dass sie ihre Aufsichtspflicht erfüllt hat oder dass der Schaden auch eingetreten wäre, wenn sie ihre Aufsichtspflicht erfüllt hätte.

Lässt sich nicht eindeutig klären, ob Lehrer ihre Aufsichtspflicht erfüllt haben oder nicht, scheitert der Anspruch eines Geschädigten nicht mehr an dem fehlenden Nachweis einer Verletzung der Aufsichtspflicht, sondern der Schadensersatzanspruch besteht, da es den Lehrern nicht gelungen ist, nachzuweisen, dass sie ihre Aufsichtspflicht erfüllt haben. Für den Kausalzusammenhang zwischen einer Aufsichtspflichtverletzung und dem eingetretenen Schaden muss nicht der Geschädigte nachweisen, dass es diesen Zusammenhang gibt, sondern die Schule muss nachweisen, dass der Schaden auch dann eingetreten wäre, wenn sie ihre Aufsichtspflicht erfüllt hätte.

Diese Rechtsprechung beseitigt schwer nachvollziehbare Unterschiede zwischen privaten und öffentlichen Bildungseinrichtungen. Sie ist auch sachlich gerechtfertigt, da es der Aufsichtspflicht als einer gesetzlichen Pflicht gegenüber dem Geschädigten entspricht, dass der Aufsichtspflichtige Rechenschaft darüber ablegt, was er zur Erfüllung seiner Pflicht getan hat. Dagegen ist dem Geschädigten der Nachweis der Aufsichtspflichtverletzung häufig nicht möglich, da er regelmäßig nicht weiß, welche konkreten Maßnahmen zur Erfüllung der Aufsichtspflicht im Einzelfall ergriffen oder unterlassen wurden.

Die Rechtsprechung des Bundesgerichtshofs erhöht die Anforderungen an die Darlegung der Schulen zur Erfüllung der Aufsichtspflicht. Bleibt nach einer Beweisaufnahme unklar, wobei verbleibende und nicht unerhebliche Zweifel genügen, ob ein aufsichtspflichtiger Lehrer seine Pflichten verletzt hat, so gehen diese Unklarheiten zulasten des Lehrers. Diese Rechtsprechung ist aber kein Anlass für übertriebene Besorgnisse bei Lehrern und Schulleitern, da sie durch die Haftungsübernahme des Staates nach Art. 34 GG entlastet werden. Außerdem hat der hohe Rechtfertigungsdruck, den Eltern, Schüler und die Schulaufsicht auf Lehrer und Schulleiter auch bisher schon bei Schadensereignissen wegen einer möglichen Verletzung der Aufsichtspflicht ausgeübt haben, in der Praxis häufig zu Verhaltensweisen geführt, die den neuen Maßstäben des Bundesgerichtshofs entsprechen.

Bei Personenschäden Dritter, zum Beispiel eines Passanten, haftet zunächst der Dienstherr des Beamten. Die persönliche Inanspruchnahme des Beamten durch den geschädigten Dritten ist durch Artikel 34 Satz 1 GG ausgeschlossen.

Artikel 34 Satz 1 GG:

„Verletzt jemand in Ausübung eines ihm anvertrauten öffentlichen Amtes die ihm einem Dritten gegenüber obliegende Amtspflicht, so trifft die Verantwortlichkeit grundsätzlich den Staat oder die Körperschaft, in deren Dienst er steht."

Der Staat kann aber vom Beamten verlangen, dass er ihm den Haftungsbetrag ersetzt, falls der Beamte seine Aufsichtspflicht vorsätzlich oder grob fahrlässig verletzt hat.

Artikel 34 Satz 2 GG:

„Bei Vorsatz oder grober Fahrlässigkeit bleibt der Rückgriff vorbehalten."

Die Regelung des Artikel 34 GG gilt auch für alle Sachschäden, die infolge einer Aufsichtspflichtverletzung entstanden sind, wobei es unerheblich ist, ob es sich bei den Geschädigten um zur Schule gehörende Personen oder Dritte handelt.

Den Schutz der gesetzlichen Unfallversicherung und des Artikel 34 GG genießen auch alle Personen, die bei der Aufsicht unterstützend tätig werden. Auch Eltern, die Aufsichtsaufgaben übernehmen, sind daher von einer Haftung für fahrlässiges Verhalten freigestellt. Lediglich bei grob fahrlässigem oder vorsätzlichem Handeln können der Träger der gesetzlichen Unfallversicherung oder der Staat Rückgriff nehmen.

VIII Erzieherische Einwirkungen und Ordnungsmaßnahmen

F **Der Aufsatz**

Ein Schüler einer neunten Klasse hat den Vorwurf sexueller Übergriffe gegenüber einem Lehrer erhoben, diesen Vorwurf aber gegenüber den Strafverfolgungsbehörden deutlich abgeschwächt. Das strafrechtliche Ermittlungsverfahren gegen den Lehrer dauerte nahezu ein Jahr. Es wurde eingestellt, da die erhobenen Anschuldigungen nicht belegbar waren. Der Schüler muss auf Beschluss der Klassenkonferenz eine schriftliche Ausarbeitung zu dem Thema „Verantwortung für sein eigenes Handeln übernehmen" anfertigen, bei der Schulleitung abgeben und Teile dieser Arbeit vor dem Plenum der Schülervertretung präsentieren.

Fallfrage:
Kann der Schüler gegen diese Entscheidung einen Widerspruch einlegen?

Rechtslage:

Der Schüler könnte Widerspruch einlegen, wenn es sich bei der Maßnahme um einen Verwaltungsakt handelte. Ordnungsmaßnahmen sind wegen der Schwere des mit ihnen verbundenen Eingriffs in das Persönlichkeitsrecht der Schüler oder wegen der mit ihnen verbundenen Bedeutung für den späteren Lebensweg Verwaltungsakte. Maßnahmen, durch die Schüler lediglich im Rahmen der erzieherischen Einwirkungen zurechtgewiesen werden, wie zum Beispiel durch eine Eintragung in das Klassenbuch, die Weisung eines Lehrers an Schüler, den von ihnen verschmutzten Klassenraum zu säubern, die Anordnung des „Nachsitzens" oder die Auferlegung einer Arbeit, greifen nicht regelnd in den Rechtskreis der Schüler ein. „Darüber hinaus bestünde die Möglichkeit, solche Erziehungsmaßnahmen durch einen sofortigen Widerspruch zu unterbinden, wenn man sie als Verwaltungsakte ansehen würde. Dies ließe sich mit den Erfordernissen des pädagogischen Alltags nicht vereinbaren." (Verwaltungsgericht Berlin, Az.: 3 L 1.14; SchulRecht 3-4/2016, S. 47 ff.)

Während die Ordnungsmaßnahmen in den Schulgesetzen der Länder abschließend aufgezählt sind, werden erzieherische Einwirkungen nur beispielhaft aufgeführt. Bei Fehlverhalten von Schülern sollen zunächst erzieherische Maßnahmen eingesetzt werden. Ordnungsmaßnahmen kommen nur in Betracht, wenn wegen der besonderen Schwere des

Fehlverhaltens eine Erziehungsmaßnahme keine geeignete Maßnahme darstellt. Über Erziehungsmaßnahmen entscheiden die einzelnen Lehrer. Die Erziehungsberechtigten müssen nicht vorher angehört werden.

Es ist rechtlich unbedenklich, wenn nicht ein einzelner Lehrer, sondern die Klassenkonferenz über die Anordnung der Erziehungsmaßnahme entscheidet, da Erziehungsmaßnahmen auch nach einer Absprache unter mehreren Lehrern ergriffen werden können. Ist eine Konferenz zusammengetreten, bei der ursprünglich eine Ordnungsmaßnahme beschlossen werden sollte, kann die Konferenz stattdessen auch eine Erziehungsmaßnahme beschließen. (VG Berlin a.a.O.)

„Durch den in der Schule in deutlich schwerwiegenderer Art und Weise erhobenen Vorwurf gegen den Sportlehrer beeinträchtigt der Schüler die Unterrichts- und Erziehungsarbeit in der Schule, indem er weiterhin die Autorität und Integrität des Lehrers infrage stellt. Dem Schüler war aufgrund der Gespräche mit der Schulleitung auch klar, dass ein massiver Vorwurf sich nachteilig auf den Schulfrieden auswirken und insbesondere die Erziehungs- und Unterrichtssituation im Sportunterricht des betroffenen Lehrers erheblich erschweren und das Lehrer-Schüler-Verhältnis belasten würde ... Die Aufgabenstellung knüpft unmittelbar an das Verhalten an, mit dem der Schüler die Unterrichts- und Erziehungsarbeit und das vertrauensvolle Verhältnis zwischen Schülern und Lehrern gestört hat. Entgegen der Ansicht des Schülers wird er durch die Erziehungsmaßnahmen nicht öffentlich diskreditiert oder gezwungen vorzutragen, dass er einen Lehrer zu Unrecht einer Straftat bezichtigt habe. Von ihm wird allein eine allgemeine Ausarbeitung zu dem genannten Thema verlangt, ohne dass er sich dabei konkret zu den von ihm gegenüber dem Sportlehrer erhobenen Vorwürfen äußern müsste." (Verwaltungsgericht Berlin, a.a.O.) Die Maßnahme ist daher verhältnismäßig.

1 Ermessensentscheidung

F Das Geltungsbedürfnis

Schüler S besucht die sechste Klasse einer Realschule. Er stört den Unterricht trotz häufiger Ermahnungen ständig durch Zwischenrufe sowie unpassende und unverschämte Bemerkungen. Aufforderungen der Fachlehrer, den Unterricht zu verlassen, befolgt er gern. Die Klassenlehrerin schickt den Eltern daraufhin einen Brief, in dem sie das Verhalten des S schildert und um ein Gespräch bittet. Das Gespräch findet statt, führt aber nicht zu einer Verhaltensänderung des S., der weiterhin den Unterricht stört. Nachdem S Ventile aus den Fahrrädern seiner Mitschüler geschraubt hat, lehnen die Eltern ein von der Schule schriftlich angebotenes weiteres Gespräch ohne Begründung ab. Nach Auffassung der Lehrer des S, die die Verhängung einer der in den Schulgesetzen vorgesehenen Ordnungsmaßnahmen für erforderlich halten, ist der wichtigste Grund für das Fehlverhalten des S „ein übersteigertes, ohne Bedenken befriedigtes Geltungsbedürfnis und die Billigung durch eine dem Schüler willfährige Klientel".

Fallfragen:
- Ist die Verhängung einer Ordnungsmaßnahme zu befürworten? Wenn ja, welche Ordnungsmaßnahme sollte verhängt werden?
- Die Fragen sind mithilfe der folgenden Vorschrift und des folgenden Rechtsgrundsatzes zu beantworten:

§ 53 Abs. 1 Satz 4 SchulG NRW: „Ordnungsmaßnahmen sind nur zulässig, wenn erzeiherische Einwirkungen nicht ausreichen."
Der Vorrang erzieherischer Maßnahmen vor Ordnungsmaßnahmen findet sich entweder auch ausdrücklich in den Schulgesetzen anderer Länder oder ergibt sich aus dem Grundsatz der Verhältnismäßigkeit.

Rechtsgrundsatz:
Die Ordnungsmaßnahme muss unter Berücksichtigung aller Umstände des Einzelfalles dem Grundsatz der Verhältnismäßigkeit entsprechen.

Lösungshinweise:

Vor der Anwendung einer Ordnungsmaßnahme ist zu prüfen, ob andere erzieherische Einwirkungen ausreichen. Erzieherische Einwirkungen werden in den Schulgesetzen der Länder allenfalls beispielhaft, aber im Gegensatz zu den Ordnungsmaßnahmen nicht abschließend aufgezählt. Diese Zurückhaltung des Gesetzgebers trägt der Tatsache Rechnung, dass es unmöglich ist, die Vielzahl denkbarer erzieherischer Einwirkungen abschließend aufzuzählen. Eine solche Aufzählung wäre auch nicht wünschenswert, da sie die pädagogische Entscheidungsfreiheit der Lehrer einengen würde. Denkbare erzieherische Einwirkungen sind zum Beispiel die mündliche oder schriftliche Missbilligung des Fehlverhaltens durch einzelne Lehrer, ein Gespräch mit dem Schulleiter, der Ausschluss von der laufenden Unterrichtsstunde, das Gespräch mit dem Schüler und den Eltern, eine schriftliche Benachrichtigung der Eltern, die zeitweise Wegnahme von Gegenständen, die Verpflichtung, versäumten Unterrichtsstoff außerhalb der Unterrichtszeit in der Schule nachzuholen und die Übertragung von erzieherisch wirksamen Aufgaben.

Einige der aufgezählten erzieherischen Einwirkungen sind im geschilderten Fall bereits erfolglos angewandt worden: der mündliche

Tadel, das Gespräch, der Ausschluss von der laufenden Unterrichtsstunde und die Benachrichtigung der Eltern. Es bliebe ein Gespräch mit dem Schulleiter. Ob ein solches Gespräch ausreicht, um das Verhalten des S zu ändern, ist aber sehr zweifelhaft, da die Reaktion des S auf die bisher angewandten erzieherischen Einwirkungen vermuten lässt, dass er auch dieses Gespräch lediglich als Bestätigung seiner Sonderstellung auffassen würde.

Bereits an dieser Stelle wird deutlich, dass bei der Anwendung der erzieherischen Maßnahmen und der Ordnungsmaßnahmen Prognoseentscheidungen gefällt werden müssen, deren Richtigkeit erst die Zukunft erweisen kann. Niemand kann mit Bestimmtheit sagen, dass ein Gespräch mit dem Schulleiter zu keiner Verhaltensänderung führen würde. Die Entscheidung, vor der Verhängung einer Ordnungsmaßnahme zunächst ein solches Gespräch zu führen, wäre daher ebenso wenig mit Sicherheit falsch wie der Verzicht auf das Gespräch.

„Die Frage, was die Aufrechterhaltung der Schulordnung oder die Erziehungsverantwortung der Schule gebieten, kann unter pädagogischem Aspekt verschieden beantwortet werden, ebenso, ob und ggf. welche Ordnungs- und Erziehungsmaßnahmen zur Verfolgung dieses Zweckes angebracht sind oder nicht. Von der Sache her sind hier mehrere Entscheidungen denkbar, die das Recht in gleicher Weise als vertretbar ansehen kann“. *(VG Karlsruhe, → Az.: III 6/72; SPE a.F. S.II D S. 21–211, hier: 21 g)*

Die Tatsache, dass mehrere vertretbare Entscheidungen denkbar sind, erfasst der Rechtsbegriff des Ermessens.

Den Lehrern wird bei der Entscheidung über erzieherische Einwirkungen und Ordnungsmaßnahmen Ermessen eingeräumt. Das bringen Formulierungen der Schulgesetze wie der Lehrer „soll“ in eigener Verantwortung das Erziehungsmittel wählen und Ordnungsmaßnahmen „können“ getroffen werden deutlich zum Ausdruck.

Es sind zwei Arten des Ermessens zu unterscheiden. Bei der Verhängung von Ordnungsmaßnahmen müssen die zuständige Konferenz oder der Schulleiter zwei Entscheidungen treffen. Sie müssen entscheiden, ob überhaupt eine Maßnahme angewandt werden soll, und sie müssen entscheiden, welche der zur Verfügung stehenden Ordnungsmaßnahmen verhängt werden sollen (§ 90 Absatz 3 SchulG BaWü: „Folgende Ordnungsmaßnahmen können getroffen werden ...“). In juristischer Terminologie spricht man von einem Entscheidungsermessen und einem Auswahlermessen.

Diese Ermessensentscheidungen der zuständigen Konferenz oder des Schulleiters ermöglichen bei Ordnungsmaßnahmen eine sachgerechte, am Einzelfall orientierte pädagogische Entscheidung. Durch die gesetzliche Vorgabe bestimmter Ordnungsmaßnahmen für bestimmte Pflichtverletzungen würde der Gesetzgeber die Berücksichtigung aller in der konkreten Situation pädagogisch bedeutsamen Gesichtspunkte unmöglich machen.

Ermessensentscheidungen werden von der Rechtsprechung nur eingeschränkt kontrolliert. Die Gerichte überprüfen im Wesentlichen, ob die Konferenz oder der Schulleiter erkannt haben, dass ihnen ein Ermessen zusteht und ob sie die verschiedenen Handlungsmöglichkeiten erörtert und eine begründete Entscheidung, insbesondere unter Beachtung des Verhältnismäßigkeitsprinzips, getroffen haben.

Die Annahme, bei Störungen des Unterrichts müsse zwangsläufig eine Ordnungsmaßnahme verhängt werden, führt ebenso zur Rechtswidrigkeit der Entscheidung wegen eines Ermessensmangels wie die Vermutung, die Ordnungsmaßnahmen dürften nur in der Reihenfolge ihrer Erwähnung im Gesetz verhängt werden. Ist eine Konferenz z. B. überzeugt, die Überweisung an eine parallele Klasse oder Lerngruppe dürfe nur ausgesprochen werden, wenn der Schüler bereits einen schriftlichen Verweis erhalten habe, verkennt sie, dass sie ein Auswahlermessen hat und schränkt die Abwägung der für und gegen bestimmte Ordnungsmaßnahmen sprechenden Gesichtspunkte wesentlich ein.

Zur Rechtswidrigkeit der Entscheidung führt auch ein Ermessensmissbrauch. Das Ermessen wird missbraucht, wenn eine von mehreren möglichen Entscheidungen aus unsachlichen und willkürlichen Gründen gefällt wird. Ein Ermessensmissbrauch läge vor, wenn eine Ordnungsmaßnahme gegen einen Schüler nicht wegen einer Störung des Unterrichts, sondern wegen einer von dem Schüler geäußerten sachlichen Kritik am Unterricht ausgesprochen würde.

Wegen der bei der Ermessensentscheidung über die Anwendung von erzieherischen Maßnahmen oder Ordnungsmaßnahmen unvermeidlichen Unsicherheit in Bezug auf die Richtigkeit des Ergebnisses, ist eine sorgfältige Abwägung besonders wichtig. Das Ausmaß der Beeinträchtigung der Erziehung und des Unterrichts, insbesondere der Verletzung der Rechte der Mitschüler, die Ursachen für das Fehlverhalten – die gelegentlich auch im Lehrerverhalten zu finden sein können –, die zur Verfügung stehenden erzieherischen Einwirkungen, das Verhalten der Eltern, und alle anderen im konkreten Fall bedeutsamen pädagogischen Gesichtspunkte sind zu berücksichtigen.

Die Lehrer haben im vorliegenden Fall erkannt, dass sie eine der in den Schulgesetzen vorgesehenen Ordnungsmaßnahmen verhängen können, dass ihnen also in Bezug auf die Verhängung einer Ordnungsmaßnahme Ermessen eingeräumt ist.

Das geschilderte Fehlverhalten des S und die Einschätzung seiner Persönlichkeit ergeben keine Hinweise darauf, dass von falschen Tatsachen ausgegangen wird oder eine willkürliche Entscheidung droht.

Es liegen daher weder ein Ermessensmangel noch ein Ermessensmissbrauch vor.

Ein Ermessensmissbrauch kann nicht nur bei willkürlichen Entscheidungen der Schule gegeben sein, sondern auch bei einem Verstoß gegen den Grundsatz der Verhältnismäßigkeit. Wegen seiner großen Bedeutung nicht nur für Ermessensentscheidungen, sondern für jeden Eingriff des Staates in Rechte der Bürger sind belastende Maßnahmen wie Ordnungsmaßnahmen besonders gründlich am Maßstab der Verhältnismäßigkeit zu messen.

Eine Ordnungsmaßnahme verfolgt spezial- und generalpräventive Ziele. Sie soll beim Schüler Einsicht in sein Fehlverhalten wecken und verhindern, dass er sein Fehlverhalten wiederholt (Spezialprävention). Es gehört aber auch zu den Zielen einer Ordnungsmaßnahme, andere Schüler davon abzuhalten, die gleichen Ordnungsverstöße zu begehen. Die Schule kann entscheiden, ob sie eine Ordnungsmaßnahme jeweils ausschließlich auf spezial- oder generalpräventive Gründe stützt und ob sie, wenn sie beide Gesichtspunkte heranzieht, diese kumulativ oder alternativ zugrundelegt. (Oberverwaltungsgericht Nordrhein-Westfalen, Az.: 19 B 985/14; SchulRecht 3-4/2015, S. 50)

Das Gericht (OVG NRW, a.a.O.) hat generalpräventive Begründungen in einem Fall als rechtmäßig angesehen, in dem ein Schüler ein kompromittierendes Foto oder Video von einem Lehrer in ein soziales Netzwerk einstellte, um dessen Ansehen in der Schulöffentlichkeit und auch außerhalb der Schule herabzuwürdigen. In diesem Fall hat das generalpräventive Bedürfnis besonderes Gewicht, weil weite Kreise der Schule das Handyvideo tatsächlich zur Kenntnis genommen und Schüler dem Lehrer gegenüber bereits unpassende Bemerkungen gemacht hatten.

2 Verhältnismäßigkeit

Bei der Verhängung von Ordnungsmaßnahmen sind alle Umstände des Einzelfalles zu berücksichtigen, und die Ordnungsmaßnahmen müssen in einem angemessenen Verhältnis zum Verhalten des Schülers stehen. Aus dem bei einer Ordnungsmaßnahmenkonferenz zu führenden Protokoll muss hervorgehen, dass die Entscheidung auf sorgfältigen pädagogischen Überlegungen beruht. Pauschale Aussagen wie

„Wegen erheblicher Beeinträchtigung des Unterrichts ...“ können die Anwendung einer Ordnungsmaßnahme nicht begründen.

Der Rechtsbegriff der Verhältnismäßigkeit besteht aus den drei die Abwägung strukturierenden Elementen der Geeignetheit, Erforderlichkeit und Angemessenheit.

Das Merkmal der Geeignetheit dient der Prüfung, ob die in Betracht gezogene Maßnahme überhaupt geeignet ist, den gewünschten Erfolg herbeizuführen. Da der Erfolg sich nicht mit Sicherheit voraussagen lässt, scheiden auf dieser Stufe der Abwägung nur offensichtlich ungeeignete Maßnahmen aus.

Obwohl man im vorliegenden Fall einen schriftlichen Verweis trotz des erfolglosen Schreibens an die Eltern mit der Bitte um ein Gespräch nicht als offensichtlich ungeeignet bezeichnen kann, da die Wirkung eines auf einem Konferenzbeschluss beruhenden und auf Grund eines sehr formalisierten Verfahrens zustandegekommenen schriftlichen Verweises eine andere sein wird als die eines Briefes der Klassenlehrerin an die Eltern, bestehen doch gewisse Zweifel hinsichtlich der Wirksamkeit einer solchen Maßnahme. Der Ausschluss vom Unterricht ist nicht offensichtlich ungeeignet, obwohl S der Aufforderung, die laufende Unterrichtsstunde zu verlassen, gern nachkommt, da der völlige Ausschluss vom Unterrichtsbesuch ihn der für seine Auftritte benötigten Bühne berauben würde.

Schließlich kann auch die Überweisung in eine parallele Klasse geeignet sein, zu einer Verhaltensänderung des S zu führen, da sie ihn ebenfalls von der ihm willfährigen Klientel seiner Mitschüler trennen würde.

Der Maßstab der Erforderlichkeit verlangt, unter den geeigneten Mitteln das den Schüler am wenigsten belastende, aber doch noch Erfolg versprechende Mittel auszuwählen. Auch hier wird wiederum eine mit zahlreichen Unsicherheiten befrachtete Prognose verlangt. Es verstieße gegen diesen Grundsatz „auf Nummer sicher“ zu gehen und den S von der Schule zu entlassen, da mit dem schriftlichen Verweis, der Überweisung an eine parallele Klasse und dem vorübergehenden Ausschluss vom Unterricht mildere Maßnahmen zur Verfügung stehen, die zu einer Beendigung der erheblichen Beeinträchtigung des Unterrichts durch S führen können.

Bei der Entscheidung für eine dieser Maßnahmen sind die vermuteten Erfolgsaussichten und die Schwere des Eingriffs in die Rechte des S gegeneinander abzuwägen.

Die Überweisung in eine Parallelklasse genügt dem Kriterium der Erforderlichkeit. Schließlich muss die Maßnahme angemessen sein, sie darf nicht außer Verhältnis zum abzuwendenden Schaden stehen. Angesichts der erheblichen Beeinträchtigung des Unterrichts durch S ist die Überweisung in eine Parallelklasse auch angemessen.

Nicht nur das Ermessen, sondern auch die Verhältnismäßigkeit schließen eine bei der Anwendung von Ordnungsmaßnahmen vorgegebene Reihenfolge aus. Es ist jeweils diejenige Maßnahme zu wählen, die geeignet ist, den gewünschten Erfolg zu erreichen, die unter den geeigneten Maßnahmen den Schüler unter Berücksichtigung der Schwere seiner Verfehlung am wenigsten belastet und die nicht außer Verhältnis zum abzuwendenden Schaden steht.

Bei schweren Verstößen wie Drogenhandel in der Schule scheiterte ein schematisches Vorgehen nach der Reihenfolge der vorgesehenen Ordnungsmaßnahme schon an der Ungeeignetheit solcher Maßnahmen wie des schriftlichen Verweises oder der Überweisung in eine parallele Klasse.

Der Begriff der Verhältnismäßigkeit strukturiert den Abwägungsprozess und fördert eine sorgfältige Abwägung der betroffenen Interessen unter Einbeziehung der Persönlichkeit des betroffenen Schülers und der anderen die Entscheidungssituation prägenden Faktoren. Er wirkt als Filter bei der Auswahl der Entscheidungsalternativen, deren Zahl er begrenzt, ohne in jedem Fall zu einer einzigen richtigen Entscheidung zu führen. Es bleiben immer die Unsicherheit einer Prognose und die pädagogische Wertung eines Verhaltens. Die Rechtsprechung geht von der vollständigen gerichtlichen Überprüfbarkeit der Verhältnismäßigkeit der beschlossenen Maßnahme aus.

3 Verfahren

Folgende Prinzipien sind für das zu einer Ordnungsmaßnahme führende Verfahren von großer Bedeutung:

- Anspruch auf rechtliches Gehör als Recht auf Äußerung und als Recht auf Mitteilung entscheidungserheblicher Tatsachen,
- Elternrecht,
- Sachverhaltsaufklärung,
- Zuständigkeiten.

Aufgabe:

Die Zuständigkeit für eine Ordnungsmaßnahme kann beim Schulleiter oder einer Konferenz liegen. In die folgende Darstellung des Ablaufs eines zu einer Ordnungsmaßnahme führenden Verfahrens sind diejenigen Schritte einzufügen, die auf Grund der genannten Prinzipien notwendiger Bestandteil des Verfahrens bei einer von einer Konferenz auszusprechenden Ordnungsmaßnahme sind.

1. Prüfen, ob erzieherische Maßnahmen erfolgversprechend sind.
2. Für die Verhängung der in Erwägung gezogenen Ordnungsmaßnahme zuständigen Vorsitzenden der vermutlich zuständigen Konferenz informieren.
3. Beschluss über die Ordnungsmaßnahme.
4. Schriftliche Mitteilung an die Eltern oder den volljährigen Schüler.
5. Der Konferenzvorsitzende ermittelt selbst den Sachverhalt oder beauftragt damit eine andere Person.
6. Der betroffene Schüler und eventuelle Zeugen sind zu befragen.
7. Die zuständige Konferenz muss ordnungsgemäß einberufen werden. Der Schüler und seine Eltern sind über das vorgeworfene Fehlverhalten zu informieren. Sie sind je nach Landesregelung auf bestimmte Widerspruchsrechte, z. B. die Teilnahme von Elternvertretern an der Konferenz, oder andere Rechte wie auf die Teilnahmemöglichkeit eines Lehrers oder Schülers des Vertrauens hinzuweisen.
8. Aus dem Anspruch auf rechtliches Gehör und dem Elternrecht ergibt sich, dass der Schüler und bei nicht volljährigen Schülern auch die Eltern vor der Entscheidung über die Ordnungsmaßnahme durch das zuständige Organ der Schule gehört werden müssen. Sie haben das Recht, vor der Entscheidung eine abschließende Stellungnahme abzugeben.
9. Der Beschluss über die Verhängung einer Ordnungsmaßnahme ist den Eltern oder dem volljährigen Schüler schriftlich mitzuteilen.
10. Die Mitteilung ist vom Schulleiter oder dessen Stellvertreter zu unterschreiben.

Die vollständige Übersicht über die wichtigsten Verfahrensschritte besteht aus den folgenden Abschnitten:

- Erzieherische Maßnahmen prüfen.
- Falls erzieherische Maßnahmen einzelner Lehrer nicht erfolgversprechend sind: Verfahrenseröffnung, ggf. erneute und genaue Feststellung des Sachverhalts.
- Einberufung der Konferenz mit Einladung der Eltern und des Schülers einschließlich der Mitteilung des Sachverhalts und ggf. der Hinweise auf bestimmte Widerspruchsmöglichkeiten oder sonstige Rechte.
- Anhörung des Schülers und der Eltern
- Beweisaufnahme
- Abschließende Stellungnahme des Schülers, der Eltern, ggf. weiterer Personen wie eines Lehrers des Vertrauens oder eines Vertreters der Schülerschaft

- Beratung
- Beschluss
- Schriftliche Mitteilung des Beschlusses.

Eine gewisse Vereinfachung und Flexibilität des Verfahrens ermöglichen die Vorschriften des Verwaltungsverfahrensgesetzes . § 10 VwVfG regelt, dass das Verwaltungsverfahren nicht an bestimmte Formen gebunden ist, soweit keine besonderen Rechtsvorschriften für die Form des Verfahrens bestehen. Das Verfahren ist gemäß § 10 VwVfG einfach und zweckmäßig durchzuführen.

Die Schulgesetze der Länder enthalten keine Vorschriften für die Form des Verfahrens zur Ermittlung des Sachverhalts. Es hängt daher vor allem von der Schwere der beabsichtigten Ordnungsmaßnahme und der Komplexität des Sachverhaltes ab, ob bei den Befragungen des Schülers und der Zeugen nach der Entscheidung über die Verfahrenseröffnung ein schriftliches Protokoll geführt wird, das die Aussagen in wörtlicher Rede festhält.

Wird das Recht auf rechtliches Gehör verletzt, indem die Anhörung des Schülers oder der Eltern unterlassen wird, kann dieser Verfahrensfehler gemäß § 45 Absatz 1 Nr. 3 VwVfG des Bundes und der entsprechenden Regelungen der Verwaltungsverfahrensgesetze der Länder, die vorsehen, dass eine unterlassene Anhörung nachgeholt werden kann, geheilt werden. Das Gleiche gilt für eine fehlende Begründung, die nachträglich gegeben werden kann, und für die fehlende Mitwirkung einer Konferenz oder anderen Behörde.

IX Schulmitwirkung

Beanstandungspflicht des Schulleiters, schulaufsichtliche Kontrolle und Klagebefugnis der Konferenzen

Die Schulgesetze der Länder sehen eine Beanstandungspflicht des Schulleiters bei Konferenzbeschlüssen vor, die er für rechtswidrig hält. Abweichungen gibt es bei den Fristen und anderen Einzelheiten des Verfahrens, allen Vorschriften ist aber gemeinsam, dass die Konferenz erneut zu beschließen hat und die Schulaufsicht letztlich die Entscheidung über die Rechtmäßigkeit des Beschlusses trifft.

Hält die Schulaufsichtsbehörde den Beschluss einer Konferenz, die Organ der unmittelbaren Willensbildung der Schule ist, – z. B. der Schul- oder Lehrerkonferenz – für rechtswidrig, weist sie den Schulleiter oder die Konferenz an, den Beschluss nicht auszuführen oder einen rechtmäßigen Beschluss zu fassen.

Mit Rechtsbehelfen können gegen diese Weisung nicht die einzelnen Mitglieder der Konferenz, sondern nur die Konferenz in ihrer Gesamtheit vorgehen. Dazu führt das Oberverwaltungsgericht Lüneburg aus *(→ Az.: V OVG B 18/76 (Nds.); SPE 370, Nr.8 und SPE a.F. I A VIII S.11–11c, hier: S. 11 c)*: „Einzelne Mitglieder der Gesamtkonferenz sind nicht befugt, anstelle der Gesamtkonferenz oder des Schulleiters zu handeln und gegen die Weisung der Schulaufsichtsbehörde vorzugehen – ebenso wenig wie einzelne Angehörige eines Kollektivorgans das Recht haben, sich zum Sprecher der Gesamtheit zu machen und gerichtliche Schritte anstelle der Gesamtheit einzuleiten. Den Mitgliedern solcher Organe oder organähnlichen Gremien stehen Entscheidungsbefugnisse mit Außenwirkung nur in Verbindung mit den übrigen Mitgliedern zu; durch Eingriffe von außen wird nur die jeweilige Gesamtheit unmittelbar betroffen … Die Entscheidung, ob die Weisung der Schulaufsichtsbehörde, die einen Beschluss der Gesamtkonferenz beanstandet, hingenommen oder mit den zulässigen Rechtsbehelfen bekämpft werden soll, obliegt der Gesamtkonferenz, nicht einzelnen Mitgliedern dieses Gremiums."

F **Tagesordnung einer Gesamtlehrerkonferenz**

Vier Lehrer beantragen als Mitglieder der Gesamtlehrerkonferenz die Aufnahme der folgenden Tagesordnungspunkte in die Tagesordnung der nächsten Gesamtlehrerkonferenz:

1) die Terminierung der ersten Konferenz des Schuljahres, die Festlegung der zeitlichen Dauer dieser Konferenz sowie die Verpflichtung der Schulleitung, wichtige Informationen vorab zuzusenden. Der Termin lag bisher in der letzten Ferienwoche

2) Festlegung des zeitlichen Ablaufs am letzten Schultag vor den Sommer- und den Weihnachtsferien, vor allem Festlegung des Schulabschlusses, aber auch Unterricht im Klassenverband oder in anderer Form, gemeinsame Feier mit allen Schülern
3) Festlegung der Vorbereitungsgruppen für Fest- und Ausflugsorganisation, zum Beispiel Pensionärs- und Lehrerausflug
4) Verrechnung von Mehrarbeitsunterrichtsstunden mit dem Deputat
5) Entscheidung über die Verwendung der vom Kollegium mitgeteilten E-Mail-Adressen.

Der Schulleiter lehnt die Aufnahme dieser Tagesordnungspunkte ab: Die Terminierung der Konferenz entspreche den Wünschen der Schulaufsicht. Den zeitlichen Ablauf vor den Ferien lege die Schulleitung fest. Soziale Angelegenheiten wie Vorbereitungsgruppen für Fest- und Ausflugsorganisation, die nichts mit dem Unterricht zu tun hätten, könnten in einer Personalversammlung oder in informeller Form besprochen werden. Bei rechtlichen Bedenken gegen die Verwendung von E-Mail-Adressen könnten sich die Betroffenen an die Schulaufsicht wenden, das sei keine Angelegenheit der Lehrerkonferenz.

Fallfrage:
Welche dieser Tagesordnungspunkte muss der Schulleiter auf die Tagesordnung setzen, bei welchen kann er eine Aufnahme ablehnen?

Rechtslage:

Vor der Klärung der Frage, welche Tagesordnungspunkte auf die Tagesordnung gesetzt werden müssen, ist zu klären, ob einzelne Lehrer oder die Mehrheit der Konferenzmitglieder ihr Anliegen nur in Form einer Beschwerde an die Schulaufsicht herantragen oder ob sie auch eine gerichtliche Klage erheben können. „Die Gesamtlehrerkonferenz fasst für den Schulleiter bindende Beschlüsse und unterliegt bei der Aufgabenerfüllung keinen Weisungen. Damit hat der Gesetzgeber … die Möglichkeit von Willens- und Interessenkonflikten akzeptiert und damit ausnahmsweise die gerichtliche Austragung von Kompetenzkonflikten ermöglicht. Diese Klagebefugnis erstreckt sich, soweit die Frage der Tagesordnung im Streit steht, auch auf die einzelnen an der Schule selbstständig unterrichtenden Lehrer, welche die Gesamtlehrerkonferenz bilden." (Verwaltungsgericht Freiburg, Az.: 2 K 1359/09; SchulRecht 11-12/2011, S. 131 ff.)

Schulleiter haben das Recht und die Pflicht, rechtswidrige Beschlüsse von Konferenzen zu beanstanden. Im vorliegenden Fall beanstandet der Schulleiter aber nicht einen von der Konferenz gefassten Beschluss, sondern er verweigert die Aufnahme eines Tagesordnungspunktes und unterbindet damit die Beratung und Beschlussfassung von vornherein. Das kann ihm nicht unter Verweis auf sein Beanstandungsrecht verweigert werden. „Die Existenz eines derartigen Beanstandungsrechts (mit damit einhergehender Beanstandungspflicht) besagt jedoch im Umkehrschluss nicht, dass der Schulleiter auch den besonderen Rechtsmangel fehlender Zuständigkeit der Gesamtlehrerkonferenz ausschließlich nach Ergehen eines – per se rechtswidrigen – Beschlusses geltend machen dürfte. Beide Prüfungsmöglichkeiten können vielmehr sinnvoll nebeneinanderstehen. Eine solche – eingeschränkte – präventive Kontrollbefugnis des Schulleiters führt auch nicht zu einer unzulässigen Umgehung der Weisungsfreiheit oder Beschneidung der organisatorischen Verselbstständigung der Gesamtlehrerkonferenz; vielmehr ergibt sich bereits aus der Bindung der Gesamtlehrerkonferenz an Rechtsvorschriften, dass diese kein rechtlich schutzwürdiges Interesse daran hat, sich mit Themen zu befassen, die in die alleinige Zuständigkeit eines anderen Organs fallen." (VG Freiburg, a.a.O.)

Der Schulleiter hat daher zu prüfen, ob die Konferenz zuständig und die Behandlung eines Tagesordnungspunktes rechtmäßig ist. Dieses Prüfungsrecht bezieht sich aber nur auf die Rechtmäßigkeit und nicht auf die Zweckmäßigkeit der Behandlung eines Tagesordnungspunktes oder eines Antrages. Es muss auch sichergestellt sein, dass ein Schulleiter nicht in Zweifelsfällen eine Behandlung in der Lehrerkonferenz von vornherein verhindern kann.

„Die Möglichkeit (und Verpflichtung) des Schulleiters, Anträge zur Tagesordnung abzulehnen, ist allerdings beschränkt auf solche Anträge, die unter keinem denkbaren Gesichtspunkt in die Zuständigkeit der Gesamtlehrerkonferenz fallen. Der Schulleiter ist nämlich kein präventives Kontrollorgan für Beschlüsse der Gesamtlehrerkonferenz in dem Sinne, dass es ihm zustünde, bei einem nur möglichen Verstoß der zur Beratung und Abstimmung anstehenden Beschlüsse gegen Rechtsvorschriften ihre Behandlung in der Gesamtlehrerkonferenz zu verhindern." (VG Freiburg, a.a.O.)

Einer Behandlung durch die Gesamtlehrerkonferenz von vornherein entzogen sind unter anderem personale und soziale Angelegenheiten der Lehrer im Sinne des Landesbeamtengesetzes und des Landespersonalvertretungsgesetzes, Zeugnis- oder Versetzungsentscheidungen, Ordnungsmaßnahmen sowie allgemeinpolitische Themen. Bereits die Erörterung derartiger Fragen durch die Konferenz wäre unzulässig.

Die Aufnahme eines Tagesordnungspunktes ist keine Ermessensentscheidung des Schulleiters. Grundsätzlich ist er verpflichtet, alle vor Versand der Tagesordnung eingegangenen Anträge aufzunehmen. Ist eine Zuständigkeit der Gesamtlehrerkonferenz unter keinem denkbaren Gesichtspunkt gegeben, ist der Schulleiter verpflichtet, den Antrag auf Aufnahme des Tagesordnungspunktes abzulehnen.

Bei der Frage, ob ein Tagesordnungspunkt aufgenommen wird, ist nicht zu entscheiden, ob die Konferenz einen Beschluss fassen kann und welchen Inhalt dieser Beschluss haben darf, sondern es ist nur zu klären, ob die Konferenz sich überhaupt mit dem Tagesordnungspunkt beschäftigen darf. „Für die Frage der Terminierung der Eröffnungskonferenz hat die Gesamtlehrerkonferenz eine Befassungskompetenz; dieser Punkt hätte daher auf die Tagesordnung gesetzt werden müssen. … Das Gericht vermag der Argumentation der Lehrer – die Gesamtlehrerkonferenz sei, qua Natur der Sache befugt, über die eigenen Sitzungstermine zu entscheiden – nicht zu folgen. Vielmehr spricht Überwiegendes dafür, dass der Schulleiter, der als Vorsitzender der Gesamtlehrerkonferenz die Sitzungen vorbereitet und einberuft, bereits aus Zweckmäßigkeitsgründen auch berechtigt sein muss, den konkreten Termin hierfür festzulegen … Allerdings kommt der Gesamtlehrerkonferenz dessen ungeachtet die Kompetenz zu, sich über allgemeine Grundsätze für die Terminierung von Konferenzen zu verständigen und den Schulleiter über die Ergebnisse der Beratung – ohne entsprechende Bindungswirkung – in Kenntnis zu setzen." (VG Freiburg, a.a.O.)

Auch im Hinblick auf den zeitlichen Ablauf am letzten Schultag vor den Sommerferien, vor den Weihnachtsferien und zum Kalenderjahresanfang haben die Klagen Erfolg, „denn der Gesamtlehrerkonferenz steht jedenfalls eine Befassungskompetenz für diesen Komplex zu. … Die Regelung des Schulschlusses vor den Ferien ist nicht dem rein verwaltungsinternen Bereich zuzuordnen; diese Frage betrifft vielmehr Angelegenheiten der Schule, in die auch didaktisch-pädagogische Fragestellungen einfließen. Vor diesem Hintergrund besteht eine Befassung der Gesamtlehrerkonferenz für diesen Punkt unter dem Blickwinkel der Unterstützung des Schulleiters. … Sollten die Lehrer mit ihrem Antrag allerdings das Ziel verfolgen, in diesem Punkt eine den Schulleiter bindende Entscheidung treffen zu können, seien sie darauf hingewiesen, dass eine derartige Entscheidungskompetenz der Gesamtlehrerkonferenz jedenfalls für die reine Frage der Festlegung des Unterrichtsendes auf etwa 11:20 Uhr nicht bestehen dürfte; die letztliche Entscheidungskompetenz dürfte vielmehr beim Schulleiter liegen.

Nur ergänzend sei bemerkt, dass für den Fall, dass es den Lehrern, wie erstmals in der mündlichen Verhandlung angesprochen wurde, in erster Linie darum gehen sollte zu klären, wie die letzten Schultage für die Schüler inhaltlich gestaltet werden (Unterricht im Klassenverband durch Fach- oder Klassenlehrer, gemeinsame Feier mit allen Schülern, Auftritt der Schülerband in der Feier etc.), im Hinblick auf den dann gegebenen engen Zusammenhang mit der didaktischen und pädagogischen Arbeit mit den Kindern möglicherweise eine weitergehende Zuständigkeit der Gesamtlehrerkonferenz zu bejahen wäre. ...

Eine originäre Zuständigkeit der Gesamtlehrerkonferenz für die Gruppeneinteilung für Fest- und Ausflugsorganisation scheidet schon allein aufgrund des fehlenden Zusammenhangs mit der erzieherischen Arbeit mit den Schülern und der fehlenden wesentlichen Bedeutung für die Schule aus. Insbesondere handelt es sich insoweit nicht um eine Aufstellung der Grundsätze über die Durchführung von besonderen Schulveranstaltungen oder von außerunterrichtlichen Veranstaltungen, da hierunter Schulfeste bzw. Klassenfahrten, Schullandheimaufenthalte – nur Veranstaltungen unter Beteiligung von Schülern fallen. ... Abgesehen davon handelt es sich bei der Organisation von Lehrer- und Ehemaligentreffen nicht um Angelegenheiten der Schule als Erziehungs- und Bildungsanstalt im weitesten Sinne; dass es sich bei den Teilnehmern an den Treffen um (ehemalige) Mitglieder des Lehrerkollegiums der Schule handelt, folglich ein äußerer Zusammenhang mit der Schule besteht, genügt nicht. ...

Bei der Verrechnung von Mehrarbeitsunterrichtsstunden erfolgte die Ablehnung durch den Schulleiter zurecht. ... Dies ergibt sich daraus, dass etwa Besoldungsfragen keinen direkten Bezug zum Erziehungs- und Bildungsauftrag der Schule haben, sondern das entsprechende verordnungsrechtliche Regelwerke und Erlasse existieren, so dass für Erörterungen durch die Gesamtlehrerkonferenz ersichtlich kein Raum ist.

Schließlich hat der Schulleiter den Antrag auf Aufnahme des Tagesordnungspunktes Verwendung der E-Mail-Adressen der Kollegen zu Recht abgelehnt. Es handelt sich bei der Verwendung der E-Mail-Adressen durch den Schulleiter zur Weiterleitung dienstlicher Informationen um eine reine Verwaltungsmaßnahme, für die allein der Schulleiter zuständig ist. Ihm obliegt es daher auch, im Fall des Missbrauchs der E-Mail-Adressen für private Zwecke die entsprechenden Maßnahmen zu treffen." (VG Freiburg, a.a.O.)

Bei den Zuständigkeiten der Gesamtlehrerkonferenz ist zu unterscheiden zwischen Aufgabenbereichen, in denen sie originäre Entscheidungskompetenzen hat, Aufgabenbereichen, die von der Konferenz ohne verbindliche Beschlussfassung erörtert werden können, um den Schulleiter bei der ihm zustehenden Entscheidung beratend zu unterstützen, und Angelegenheiten, die einer Befassung durch die

Konferenz entzogen sind. Originäre Entscheidungskompetenzen können beispielsweise beim Beschluss eines Schulprogrammes oder einer Schulordnung bestehen. Eine Beratungskompetenz kann bei allen grundsätzlichen Angelegenheiten der Schule gegeben sein. Einer Beratung und Beschlussfassung durch schulische Konferenzen entzogen wären allgemeinpolitische Fragen wie der Umgang der Kommune und des Staates mit den Steuereinnahmen. Bei Tagesordnungspunkten, mit denen die Konferenz sich weder beratend noch entscheidend befassen darf, darf und muss der Schulleiter die Aufnahme in die Tagesordnung verweigern.

X Rechtsschutz

1 Formen schulischen Handelns

Juristisch werden drei Formen des schulischen Handelns unterschieden:

Die allgemeinen und einfachen Organisationsformen des laufenden Schulbetriebs

„Allgemein" bedeutet, dass die Maßnahme sich nicht ausschließlich an einen bestimmten Schüler richtet, sondern grundsätzlich alle Schüler betrifft. Das Merkmal „einfach" schließt Maßnahmen von erheblicher rechtlicher Bedeutung aus. Der Zusatz „des laufenden Schulbetriebs" verhindert die Einbeziehung schulorganisatorischer Maßnahmen wie Errichtung, Änderung und Auflösung von Schulen. Zu den allgemeinen und einfachen Organisationsformen des laufenden Schulbetriebs gehören z. B. die Festlegung der Sitzordnung, die Einteilung des Tafeldienstes und das Verbot, Jacken und Mäntel in den Klassenraum zu bringen.

Der Erlass von Verwaltungsakten

Verwaltungsakt wird schulisches Handeln genannt, das wesentliche Rechte und Pflichten der Schüler regelt. § 35 Satz 1 des Verwaltungsverfahrensgesetzes definiert den Verwaltungsakt als hoheitliche Maßnahme einer Behörde zur Regelung eines Einzelfalles auf dem Gebiet des öffentlichen Rechts, die auf unmittelbare Rechtswirkung nach außen gerichtet ist. Die Maßnahme muss also eine Rechtswirkung haben, die in der unmittelbaren Begründung, Änderung oder Aufhebung von Rechten und Pflichten der Schüler besteht.

Verwaltungsakte sind alle Maßnahmen der Schule, die das Rechtsverhältnis zwischen Schule und Schüler regeln. Dazu gehören:

- die Aufnahme in die Schule und deren Ablehnung,
- die Zuerkennung eines Abschlusses,
- die Überweisung an eine andere Schulform,
- die Versetzung und die Nichtversetzung,
- die Ordnungsmaßnahmen (in Fall 3 ist die Entscheidung der Lehrerkonferenz ein Verwaltungsakt).

Diese Aufzählung ist nicht abschließend. Bei jeder schulischen Maßnahme muss geprüft werden, ob sie die Rechtsposition der Schüler gegenüber der Schule wesentlich berührt oder ob sie auf einen tatsächlichen Erfolg gerichtet ist.

Das schlicht-hoheitliche Handeln

Das schlicht-hoheitliche Handeln ist nicht auf eine unmittelbare Rechtswirkung gerichtet, sondern auf einen tatsächlichen Erfolg. Der Unterricht, der dem schlicht-hoheitlichen Handeln zugerechnet wird, verändert nicht unmittelbar die Rechtsposition der Schüler gegenüber der Schule. Der Unterricht ist auf den tatsächlichen Erfolg der Vermittlung von Kenntnissen und Fähigkeiten gerichtet. Eine Zensur für eine mündliche oder schriftliche Leistung verändert nicht unmittelbar die Rechte und Pflichten des Schülers, sondern gibt lediglich Auskunft über den Leistungsstand. Das Schreiben der Klassenarbeit in Fall 2 ist schlicht-hoheitliches Handeln, da es auf einen tatsächlichen Erfolg und nicht auf eine unmittelbare Rechtswirkung gerichtet ist.

F **Fehlstunden auf dem Zeugnis**
Eltern fordern die Korrektur eines Zeugnisses, in welchem ein Fehltag, an dem ihr Sohn nicht zur Schule gegangen ist, da sie zuhause den Welthumanistentag gefeiert haben, als unentschuldigt ausgewiesen ist. Ihr Beurlaubungsantrag war von der Klassenlehrerin abgelehnt worden.

Fallfrage:
Handelt es sich bei der Eintragung von unentschuldigten Fehlzeiten auf einem Zeugnis und der Ablehnung des Beurlaubungsantrages um Verwaltungsakte?

Rechtslage:

Die Eintragung von Fehlzeiten auf einem Zeugnis ist nicht als Verwaltungsakt zu qualifizieren, da diese Eintragung keine selbstständige Rechtsfolge begründet. Die Nennung von entschuldigten und unentschuldigten Fehlzeiten auf einem Zeugnis ist lediglich eine Information über tatsächliche Anwesenheitszeiten. (VG Berlin, Az.: 3 K 1020.11; SchulRecht 3-4/2016, S. 42 f.) Die Angabe der Fehlzeiten hat über diese Informationsfunktion hinaus für den Schüler keine Rechtsfolgen. Etwas anderes gilt, wenn sich diese Angaben auf einem Abschluss- oder Bewerbungszeugnis finden, da sie dann für die Erfolgsaussichten, einen Ausbildungsplatz zu erhalten, von Bedeutung sein können und bei jeder zukünftigen Verwendung des Zeugnisses eine belastende Wirkung haben können. In diesem Fall bestünde eine Klagemöglichkeit entweder, weil die Eintragung als Verwaltungsakt zu qualifizieren wäre oder weil eine Klagemöglichkeit sich auch begründen ließe, wenn die Eintragung als schlicht-hoheitliches Handeln angesehen würde.

Die Ablehnung des Beurlaubungsantrages durch die Klassenlehrerin ist ein Verwaltungsakt, da sie wesentliche Rechte und Pflichten, nämlich die Verpflichtung zur Unterrichtsteilnahme, betrifft. Durch eine Beurlaubung oder deren Ablehnung werden unmittelbar Rechte und Pflichten des Schülers geändert.

F Die Erziehungsmaßnahme
Wegen eines Fehlverhaltens wird ein Schüler verpflichtet, einen Aufsatz zu verfassen, diesen bei der Schulleitung abzugeben und ihn vor der Klasse vorzutragen.

Fallfrage:
Welcher verwaltungsrechtlichen Handlungsform ist diese Erziehungsmaßnahme zuzurechnen?

Rechtslage:

Ordnungsmaßnahmen sind Verwaltungsakte, da sie erhebliche Eingriffe in Rechte der Schüler darstellen, die Schüler tatsächlich nicht unwesentlich belasten und eventuell sogar von Bedeutung für den weiteren Bildungs- und Lebensweg eines Schülers sein können. Die Verpflichtung eines Schülers, aus erzieherischen Gründen einen Aufsatz zu verfassen und ihn vor der Klasse vorzutragen, ist eine Erziehungsmaßnahme, da sie sich nicht im Katalog der Ordnungsmaßnahmen findet und den Schüler weder in rechtlicher noch in tatsächlicher Hinsicht erheblich belastet. „Ihr kommt kein vergleichbar schweres Gewicht zu und sie stellt deshalb keinen Verwaltungsakt dar. Maßnahmen, durch die Schüler lediglich im Bereich der erzieherischen Einwirkung zurechtgewiesen werden, wie zum Beispiel die Eintragung in das Klassenbuch, die Weisung eines Lehrers an seine Schüler, den von ihnen verschmutzten Schulraum zu säubern, die Anordnung des „Nachsitzens" oder die Auferlegung einer Strafarbeit, greifen nicht regelnd in den Rechtskreis des Schülers ein." (VG Berlin, Az.: 3 L 1.14; SchulRecht 3-4/2016, S. 47 ff.)

2 Formen des Rechtsschutzes

Zieht man die Konsequenzen für den Rechtsschutz aus dieser Einteilung des schulischen Handelns, sollte das Ausmaß des Rechtsschutzes der Schwere des Eingriffs in die Rechte des Schülers entsprechen.

Bei den allgemeinen und einfachen Regelungen des laufenden Schulbetriebs wirkte der Versuch, einen Eingriff in Rechte des Schülers zu konstruieren, etwa durch den Hinweis auf die in Artikel 2 Absatz 1 GG verbürgte allgemeine Handlungsfreiheit, in die durch die Anordnung, die Jacke im Flur aufzuhängen, eingegriffen werde, im Verhältnis zur Bedeutung der Anordnung völlig unangemessen. Ein gerichtlicher Rechtsschutz gegen diese allgemeinen und einfachen organisatorischen Maßnahmen des laufenden Schulbetriebs ist daher grundsätzlich nicht gegeben.

Der Schüler kann sich gegen solche Anordnungen allenfalls mit einer Beschwerde beim Schulleiter und der Schulaufsicht wehren. Eine Ablehnung der Beschwerde ist aber genauso wenig gerichtlich angreifbar wie die ursprüngliche Entscheidung.

Dem Nachteil der rechtlich schwachen Wirkung einer Beschwerde – die sich tatsächlich aber häufig als durchaus wirkungsvoll erweist – steht der Vorteil der geringen Voraussetzungen, die an eine Beschwerde gestellt werden, gegenüber. Eine Beschwerde kann formlos, also auch mündlich erhoben werden, und sie ist an keine Frist gebunden. Eine Ablehnung jeglichen gerichtlichen Schutzes gegen schlicht-hoheitliches Handeln der Schule widerspräche der tatsächlichen Bedeutung dieses Handelns, das mit dem Unterricht immerhin den Kern der schulischen Tätigkeit ausmacht, und wäre kaum zu rechtfertigen, wenn wie in Fall 2 offensichtlich gegen rechtliche Vorschriften verstoßen wird.

Voraussetzung für eine Unterlassungsklage, mit der das Unterlassen schlicht-hoheitlichen Handelns begehrt wird, ist lediglich, dass der Kläger geltend macht, in seinen Rechten durch dieses Handeln verletzt zu sein. Es gibt keine Fristen für die Klageerhebung, und es muss kein Vorverfahren stattfinden.

Im Fall 2 kann nicht die Klasse als solche klagen, sondern einzelne Schüler müssen darlegen, dass sie durch das Schreiben der Klassenarbeit in ihren Rechten verletzt sein könnten. Da die vorgeschriebene Beschränkung der Zahl der Klassenarbeiten auch dem Schutz der Schüler vor einer Überforderung dient, dürfte ein solcher Nachweis gelingen.

Der damit theoretisch gewährte Rechtsschutz wird tatsächlich durch den langen Zeitraum, der zwischen Erhebung der Klage und Entscheidung des Gerichts liegt, entwertet. Zu einem schnellen Rechtsschutz führt der Antrag auf Erlass einer einstweiligen Anordnung durch das Gericht. Gemäß § 123 Absatz 1 Satz 1 Verwaltungsgerichtsordnung trifft das Gericht eine einstweilige Anordnung, „... wenn die Gefahr besteht, dass durch eine Veränderung des bestehenden Zustandes die Verwirklichung eines Rechts des Antragstellers vereitelt oder wesentlich erschwert werden könnte". Die Verwirklichung eines Rechts kann nur vereitelt oder erschwert werden, wenn dem Antragsteller dieses Recht zusteht. Das Gericht prüft daher in erster Linie, ob die Rechtslage mit hoher Wahrscheinlichkeit zu Gunsten des Antragstellers spricht.

Geht man davon aus, die in Fall 2 angenommene Festlegung der Höchstzahl der Klassenarbeiten sei ohne Einschränkung erfolgt, ergibt schon eine kurze Prüfung, dass das Schreiben einer vierten Klassenarbeit rechtswidrig ist. Ein Schüler der Klasse könnte daher erfolgreich eine einstweilige Anordnung beantragen.

Als Verwaltungsakte werden alle schulischen Handlungen eingestuft, die besonders tief in Rechte der Schüler eingreifen. Den effektiven, kurzfristigen Rechtsschutz wie beim schlicht-hoheitlichen Handeln nur durch einen Antrag bei Gericht zu ermöglichen, wäre daher bei belastenden Maßnahmen nicht angemessen.

Mit dem Widerspruch steht ein Rechtsbehelf zur Verfügung, der der Klage gegen einen Verwaltungsakt vorausgeht und durch seine aufschiebende Wirkung die sofortige, vorläufige Abwehr des Eingriffs in Rechte ermöglicht. Auf der Grundlage des § 80 Abs. 2 Satz 1 Nr. 3 VwGO können die Landesgesetzgeber die aufschiebende Wirkung des Widerspruchs beseitigen (so beispielsweise für alle oder die meisten Ordnungsmaßnahmen geschehen in Baden-Württemberg, Nordrhein-Westfalen und dem Saarland). Die Durchführung eines Widerspruchsverfahrens ist vor der Erhebung einer Klage gesetzlich vorgeschrieben, um der Behörde die Möglichkeit zu geben, ihre Entscheidung noch einmal zu überprüfen und um die Zahl der Klagen zu begrenzen.

Der Widerspruch muss innerhalb eines Monats eingelegt werden. Sollte es die Schule versäumt haben, den Verwaltungsakt mit einer Rechtsbehelfsbelehrung zu versehen, beträgt die Widerspruchsfrist ein Jahr. Nach dem Ablauf der Widerspruchsfrist kann der Bürger auch nicht mehr mit einer Klage gegen den Verwaltungsakt vorgehen, da auch ein rechtswidriger Verwaltungsakt nach dem Ablauf der Frist bestandskräftig wird.

War der Bürger ohne Verschulden daran gehindert, die Frist einzuhalten, kann er Wiedereinsetzung in den vorigen Stand beantragen. Dieser Antrag ist aber an strenge Voraussetzungen gebunden.

Dem Schüler bietet die aufschiebende Wirkung des Widerspruchs, falls diese nicht durch ein Landesgesetz ausgeschlossen ist, schnellen Schutz vor einer schulischen Maßnahme. Legen die Eltern des S im Fall 3 Widerspruch ein, verhindern sie damit zunächst die Überweisung an die parallele Klasse. Auch die Klage, mit der bei Zurückweisung des Widerspruchs durch die Schule und die Schulaufsicht die Aufhebung des Verwaltungsaktes begehrt wird (Anfechtungsklage), hat aufschiebende Wirkung. Ist die aufschiebende Wirkung eines Widerspruchs oder einer Klage landesgesetzlich beseitigt, können Schüler und Eltern beim Verwaltungsgericht in einem Eilverfahren die Wiederherstellung der aufschiebenden Wirkung beantragen.

Durch die aufschiebende Wirkung des Widerspruchs und der Anfechtungsklage befindet sich die Behörde in der gleichen Position, in der sich der Bürger ohne die Möglichkeit, eine einstweilige Anordnung zu beantragen, bei der Klage gegen oder auf schlicht-hoheitliches Handeln befände: Die lange Zeit bis zum Urteil des Verwaltungsgerichtes führt zur tatsächlichen Entwertung der gesetzlich eingeräumten Handlungsmöglichkeiten. Wenn das Verwaltungsgericht nach ein oder zwei Jahren die Überweisung des S an die parallele Klasse für rechtswidrig erklärt, dürfte sich die bei Erlass der Ordnungsmaßnahme bestehende Sachlage längst geändert haben und haben die Mitschüler des S dessen aggressives und gewalttätiges Verhalten trotz der Ordnungsmaßnahme weiter erdulden müssen.

Die Behörde kann daher die aufschiebende Wirkung des Widerspruchs beseitigen, indem sie die sofortige Vollziehung anordnet. Ebenso wie die einstweilige Anordnung ist auch die sofortige Vollziehung an besondere Voraussetzungen gebunden. Sie darf nur im öffentlichen Interesse oder im überwiegenden Interesse eines Beteiligten angeordnet werden. Die sofortige Vollziehung der Überweisung des S an die parallele Klasse ließe sich mit dem Schutz der Mitschüler begründen, deren Interesse an körperlicher Unversehrtheit und angstfreiem Schulbesuch das Interesse des S am Verbleib in der bisherigen Klasse deutlich überwiegt. Hält S die sofortige Vollziehung für ungerechtfertigt, kann er bei Gericht die Wiederherstellung der aufschiebenden Wirkung beantragen.

Auch wenn die Mehrstufigkeit der Rechtsbehelfe, bei der jede Seite auf rechtliche Schritte der anderen Seite wiederum mit rechtlichen Mitteln antworten kann, zunächst den Verdacht juristischer Beschäftigungstherapie weckt, führt eine genauere Betrachtung zu der Erkenntnis, dass es sich um ein differenziertes Instrumentarium handelt, das die Berücksichtigung der Interessen aller Beteiligten und eine angemessene Rechtsgüterabwägung ermöglicht.

Diesen Abwägungsprozess verdeutlichen die Ausführungen des Verwaltungsgerichtshofes Baden-Württemberg zum Antrag einer Schülerin auf Wiederherstellung der aufschiebenden Wirkung ihres Widerspruchs, nachdem die Lehrerkonferenz dem zeitweiligen Ausschluss der Schülerin vom Unterricht wegen der Teilnahme an einem Unterrichtsboykott und der Störung des Unterrichts anderer Kassen beschlossen und die sofortige Vollziehung angeordnet hatte *(→ Az.: IV 564/73; SPE a. F. S. II D H S. 31–31 b, hier: S. 31 f.)*: „Die aufschiebende Wirkung eines gegen den zeitweiligen Ausschluss vom Unterricht gerichteten Rechtsmittels ist aber wiederherzustellen, wenn nach dem Ergebnis einer Interessenabwägung das Interesse des Schülers an der aufschiebenden Wirkung das durch die Schule repräsentierte öffentliche Interesse an dem sofortigen Vollzug überwiegt. Als Maßstab dieser Interessenabwägung kann der Grundsatz des § 80 Absatz 4 VwGO herangezogen werden, wonach der Vollzug des angefochtenen Verwaltungsaktes ausgesetzt werden soll, wenn ernstliche Zweifel an dessen Rechtmäßigkeit bestehen oder wenn die Vollziehung für den Betroffenen eine unbillige, nicht durch überwiegende öffentliche Interessen gebotene Härte zur Folge hätte."

„Es ist... nicht ersichtlich, dass die sofortige Vollziehung der angefochtenen Maßnahme für die Antragstellerin eine unbillige, nicht durch überwiegende öffentliche Interessen gebotene Härte zur Folge hätte. Der zeitweilige Ausschluss vom Unterricht trifft die Antragstellerin weder in der Vorbereitung auf die Reifeprüfung noch unmittelbar vor der Versetzung. Sie hat auch nicht vorgetragen, dass sie diese Maßnahme, z.B. wegen längerer krankheitsbedingter Abwesenheit vom Unterricht besonders hart träfe oder dass ihre Versetzung gefährdet sei und sie aus diesem Grund keinen Unterricht versäumen dürfe. Auf der anderen Seite besteht ein starkes öffentliches Interesse an dem sofortigen Vollzug der angefochtenen Maßnahme. Es ist zu erkennen, dass die Gesamtlehrerkonferenz ... ein abschreckendes Beispiel setzen und dadurch einen durch länger anhaltende politische Agitation an der Schule eingetretenen Verfall der Schuldisziplin Einhalt gebieten wollte. Ein durch den Verlauf des Verwaltungsstreitverfahrens bedingter zeitlicher Aufschub der Maßnahme müsste deren Erfolg vereiteln und die Gefahr neuer Störungen des Unterrichtsbetriebes erheblich vergrößern". (a.a.O., S.31 b)

F Die Unterrichtsteilnahme I

Die Schülerin S wird nicht von der achten in die neunte Klasse der Realschule versetzt. S legt fristgerecht innerhalb eines Monats Widerspruch gegen die Nichtversetzung ein, da sich einige Lehrer bei der Abstimmung über die Nichtversetzung der Stimme enthalten hätten, obwohl die Schulgesetze des Landes eine Stimmenthaltung bei Entscheidungen über die Versetzung für unzulässig erklärten.Dem Widerspruch wird von der in den letzten Tagen der Sommerferien zusammengetretenen Versetzungskonferenz nicht stattgegeben. Er wird daher an die nächsthöhere Behörde weitergeleitet. S will zu Beginn des neuen Schuljahres unter Berufung auf die aufschiebende Wirkung ihres Widerspruchs am Unterricht der neunten Klasse teilnehmen.

Fallfragen:
- Welchen rechtlichen Charakter – allgemeine und einfache Organisationsform, schlicht-hoheitliches Handeln, Verwaltungsakt – hat die Nichtversetzung?
- Hat der Widerspruch der S aufschiebende Wirkung in der Weise, dass S bis zu einer endgültigen Entscheidung am Unterricht der neunten Klasse teilnehmen darf?

Rechtslage:

Die Nichtversetzung berührt unmittelbar das Rechtsverhältnis zwischen der Schule und S. Sie greift tief in Rechte der S ein. Die Versetzung ist daher ein Verwaltungsakt.

S muss Widerspruch einlegen, wenn sie gegen den Verwaltungsakt klagen will, da das Widerspruchsverfahren als Vorverfahren bei Klagen gegen Verwaltungsakte gesetzlich vorgeschrieben ist. Die mit dem Widerspruch verbundene aufschiebende Wirkung soll Eingriffe in Rechte der S bis zur Entscheidung des Gerichts verhindern. Sie soll dem Schüler aber keine Rechte verschaffen, die ihm selbst bei einer Gerichtsentscheidung zu seinen Gunsten nicht zustünden. Die erfolgreiche Anfechtungsklage beseitigt lediglich den angefochtenen Verwaltungsakt. Sie ersetzt ihn nicht durch einen neuen Verwaltungsakt.

Wird der Klage der S stattgegeben, weil die Abstimmung über die Nichtversetzungsentscheidung gegen gesetzliche Vorschriften verstieß und damit rechtswidrig war, bedeutet ein solches Urteil nicht, dass die S versetzt werden muss. Die Konferenz hat vielmehr unter Beachtung der gesetzlichen Regelung der Abstimmung erneut zu entscheiden. Es ist keineswegs sicher, dass sie dann die Versetzung der S beschließt. Da der Schüler durch den Widerspruch nicht mehr erhalten darf, als ihm bei einer erfolgreichen Anfechtung des Verwaltungsaktes zustünde, gilt der Grundsatz: Der Widerspruch gegen die Nichtversetzung hat keine aufschiebende Wirkung. Er begründet kein Teilnahmerecht am Unterricht der nächsthöheren Klasse. „Eine Feststellung der aufschiebenden Wirkung … kann hier nicht ausgesprochen werden; denn die Schülerin wendet sich nicht gegen einen Verwaltungsakt, der in ihren Rechtskreis eingegriffen hätte, was für die begehrte Feststellung der aufschiebenden Wirkung erforderlich wäre. Soweit sich die Schülerin gegen die ausgesprochene Nichtversetzung wendet, handelt es sich zwar um einen Verwaltungsakt, dieser greift aber nicht in ihren Rechtskreis ein, sondern lehnt vielmehr eine Erweiterung ihres Rechtskreises ab. Denn bei der Versetzung handelt es sich nicht um eine mit jedem Schuljahreswechsel automatisch aus dem Gesetz folgende Rechtsposition, in die durch die

Nichtversetzungsentscheidung der Versetzungskonferenz bzw. durch das Zeugnis, in dem die Nichtversetzung vermerkt ist, eingegriffen wird, sondern um einen gewährenden Verwaltungsakt, wobei vorläufiger Rechtsschutz nur im einstweiligen Anordnungsverfahren in Betracht kommt." (VG Köln, Az.: 10 L 2907/96; SchulRecht 6–8/2003, S.118)

F **Die Unterrichtsteilnahme II**

Die Schülerin S wird nicht von der achten in die neunte Klasse der Realschule versetzt. Sie legt fristgerecht innerhalb eines Monats Widerspruch gegen die Nichtversetzung ein, da die Konferenz die Note „mangelhaft" in der freiwilligen Arbeitsgemeinschaft „Chinesisch" für versetzungsrelevant gehalten hat. Ohne diesen eindeutigen Verstoß gegen die Versetzungsordnung wäre sie versetzt worden. S will zu Beginn des neuen Schuljahres am Unterricht der neunten Klasse teilnehmen.

Fallfragen:
- Warum führen die Rechtsfolgen der Anfechtungsklage und des Widerspruchs nicht zu einer befriedigenden Lösung?
- Welche Rechtsfolgen müsste ein Rechtsbehelf haben, der zu einer befriedigenden Lösung führen würde?
- Ist ein Rechtsbehelf mit der erwünschten Rechtsfolge bekannt?

Lösung:

Mit einer erfolgreichen Anfechtungsklage könnte S die Aufhebung der Nichtversetzungsentscheidung erreichen, aber nicht die Versetzung, obwohl es im geschilderten Fall nur eine rechtmäßige Entscheidung, die Versetzung der S, gibt, wenn die Note der Arbeitsgemeinschaft unberücksichtigt bleibt. Selbst wenn der Widerspruch in diesem Falle eine aufschiebende Wirkung hätte, führte er ebenso wenig wie die Anfechtungsklage zu der einzig rechtmäßigen Entscheidung, der Versetzung, da der Widerspruch ebenso wie die Anfechtungsklage Eingriffe in Rechte vorübergehend oder dauerhaft abwehren kann, aber keine Rechte verleiht.

Der Rechtsbehelf müsste der S vorübergehend oder dauerhaft einen Rechtsanspruch auf einen Verwaltungsakt geben.

Die einstweilige Anordnung wehrt schlicht-hoheitliches Verwaltungshandeln ab oder gibt einen Anspruch auf schlicht-hoheitliches Verwaltungshandeln. Ihre Anwendung bei der Abwehr von Verwaltungsakten brächte dem Kläger Nachteile, da die aufschiebende Wirkung des Widerspruchs eintritt, ohne dass besondere Voraussetzungen erfüllt sein müssen, während die einstweilige Anordnung voraussetzt, dass die Verwirklichung eines Rechts des Antragstellers vereitelt oder wesentlich erschwert werden könnte.

Die Anwendung der einstweiligen Anordnung bei einem Anspruch des Klägers auf Erlass eines Verwaltungsaktes brächte ihm dagegen Vorteile, da sie im Gegensatz zum Widerspruch einen vorläufigen Anspruch auf Erlass des Verwaltungsaktes verleiht.

Neben der Anfechtungsklage, mit der der Kläger die Aufhebung eines Verwaltungsaktes erreichen kann, gibt es die Verpflichtungsklage, mit der er den Erlass eines Verwaltungsaktes durchsetzen kann. Auch der Verpflichtungsklage muss ein Widerspruchsverfahren vorausgehen. Der Widerspruch hat aber keine aufschiebende Wirkung, da eine solche Wirkung dem Kläger keinen Vorteil brächte. Der Kläger, der überzeugt ist, offensichtlich im Recht zu sein, kann eine einstweilige Anordnung beantragen, die die Behörde zum Erlass des Verwaltungsaktes verpflichtet.

S müsste ihren Anspruch auf Versetzung durch Einlegen eines Widerspruchs verfolgen, bei dessen Ablehnung sie eine Verpflichtungsklage auf Erlass des Verwaltungsaktes erheben kann. Sie kann mit dem Antrag auf Erlass einer einstweiligen Anordnung die vorläufige Teilnahme am Unterricht der neunten Klasse zu Beginn des neuen Schuljahres zu erreichen suchen.

Wichtigste Voraussetzung für den Erlass einer einstweiligen Anordnung ist gemäß § 123 VwGO, dass die einstweilige Anordnung nötig erscheint, um wesentliche Nachteile vom Antragsteller abzuwenden. Außerdem muss die Klage offensichtlich erfolgversprechend sein.

Im geschilderten Fall liegt ein eindeutiger Verstoß gegen die Versetzungsordnung vor. S wäre ohne diesen Verstoß versetzt worden. Er wird daher mit einem Antrag auf Erlass einer einstweiligen Anordnung Erfolg haben.

3 Umfang des Rechtsschutzes

Ausgangspunkt der Überlegungen zum Rechtsschutz war die Zuordnung des schulischen Handelns

- zu den allgemeinen und einfachen Regelungen des laufenden Schulbetriebs, gegen die nicht mit förmlichen Rechtsbehelfen, sondern allenfalls mit der form- und fristlosen Beschwerde vorgegangen werden kann,
- zum schlicht-hoheitlichen Handeln, gegen das man sich mit der Leistungs- oder Unterlassungsklage wehren kann,
- oder zu den Verwaltungsakten, deren Rechtmäßigkeit mit der Anfechtungs- oder Verpflichtungsklage überprüft wird.

Die Grenzen zwischen diesen rechtlichen Kategorien sind nicht starr und eindeutig festgelegt, sondern müssen in jedem Einzelfall gezogen werden. Entscheidende Gesichtspunkte sind dabei die Regelungswirkung durch eine Veränderung der rechtlichen Beziehung zwischen Schule und Schüler und das Ausmaß des Eingriffs in Rechte der Schüler.

So berühren rein innerschulische Organisationsentscheidungen wie die Klassenbildung oder die Entscheidung, aufgrund gestiegener Schülerzahlen eine weitere Parallelklasse einzurichten und eine bisherige Klasse zu teilen, weder das Persönlichkeitsrecht der betroffenen Schüler noch das Erziehungsrecht der Eltern (VG Darmstadt, Az.: 7 G 1581/03(3); SchulRecht 3/2004, S. 65 f.). Allerdings können innerschulische Organisationsmaßnahmen wie die Zuordnung der Schüler zu bestimmten Klassen gerichtlich angreifbar oder erzwingbar sein, wenn feststeht, dass z. B. die Unterrichtung durch einen bestimmten Lehrer einen Schüler in seinem Grundrecht auf körperliche Unversehrtheit in schwerwiegender Weise verletzt *(OVG NW, → Az.: 19 B 765/95; SPE 902 Nr.4).* In einem solchen Fall ist sogar der Wechsel eines Schülers auf eine andere Schule gerichtlich durchsetzbar (VG Braunschweig, Az.: 6 B 448/00; SchulRecht 11–12/2001, S. 203). An die Erfüllung dieser Voraussetzungen sind strenge Anforderungen zu stellen, und der Schulleiter – nicht das Gericht – kann im Falle des Klassenwechsels entscheiden, ob der Schüler oder der Lehrer die Klasse wechseln muss, um den Konflikt zu lösen (OVG NRW a.a.O.). Ist nicht das Verhältnis zwischen Schüler und Lehrer, sondern das zwischen Lehrer und Eltern durch ständige Beschwerden und Vorwürfe der Eltern schwer gestört oder sogar völlig zerrüttet, ist ein von der Schule herbeigeführter Wechsel des Schülers in eine Parallelklasse zur Aufrechterhaltung des Schulfriedens denkbar (OVG Bremen, Az.: OVG 2 B 305/02; SchulRecht 2/2003, S. 28–31). Eine solche Entscheidung ist keine Ordnungsmaßnahme, aber Verwaltungsakt.

Dieses Ergebnis verdeutlicht, dass die Entscheidung über die Gewährung von Rechtsschutz nicht schematisch erfolgt, sondern nach sorgfältiger Beurteilung einer konkreten Situation. Es wird auch den unter Umständen erheblichen psychischen Beeinträchtigungen gerecht, die vom schikanösen Verhalten eines Lehrers für den Schüler oder von Eltern für den Lehrer ausgehen können.

Die sich seit den 70er Jahren vollziehende ständige Ausdehnung des Rechtsschutzes weckt aber auch grundsätzliche Bedenken. Sie lässt außer acht, dass der möglichst umfassende rechtliche Schutz der Interessen einzelner Schüler das Gemeinschaftsgefüge der Schule schädigen kann, da er bei Eltern, Schülern und Lehrern die Bereitschaft und

Fähigkeit, Konflikte im persönlichen Gespräch und gemeinschaftsbezogen auszutragen und auszuhalten, vermindert. Zwar sollten die Beteiligten bei Meinungsverschiedenheiten zwischen Erziehungsberechtigten oder Schülern und Lehrern versuchen, diese zunächst im Wege einer Aussprache beizulegen, die Fixierung auf die rechtliche Durchsetzung eines individuellen Anspruchsdenkens stellt aber häufig den Erfolg und manchmal sogar das Zustandekommen eines solchen Gesprächs in Frage. Das Gespräch wird nicht als Gelegenheit zu einer einvernehmlichen Einigung, sondern als Gelegenheit zur Darlegung des eigenen Standpunktes unter Androhung einer Klage verstanden.

Ein zu weitgehender Rechtsschutz erschwert die Erziehungsaufgabe der Schule, da Voraussetzungen und Ziele der Erziehung – *wie* Gesprächsbereitschaft, Einfühlungsvermögen, Kompromissbereitschaft, Höflichkeit, Respekt, Selbstbeherrschung, Solidarität und Fairness – durch ein individuelles Anspruchsdenken verdrängt werden können, welches das Verhältnis zwischen Schülern und Lehrern ebenso erkalten lässt wie die Solidarität unter den Schülern.

Solche Entwicklungen sind weder ausschließlich dem Recht noch der Pädagogik zuzuschreiben. Sie sind auch weder mit ausschließlich rechtlichen noch mit ausschließlich pädagogischen Mitteln zu verhindern. Die Verwaltungsjuristen sollten die angesprochenen Eigenarten und Ziele schulischer Erziehung, die auch die Rechtskultur beeinflussen, zum Anlass nehmen, über vertretbare Einschränkungen des Rechtsschutzes im schulischen Bereich nachzudenken, die Pädagogen dagegen bei der Kritik an der Verrechtlichung der Schule bedenken, dass die Selbstentfaltung der Schüler am wirkungsvollsten in einer rechtsstaatlichen Grundsätzen entsprechenden Schule gefördert werden kann, und sie sollten sich fragen, ob die schulische Erziehung ihren Beitrag zur Vermittlung des verantwortungsvollen Umgangs mit individuellen Rechten und Ansprüchen sowie des notwendigen Pflicht- und Gemeinschaftsbewusstseins im notwendigen Umfang geleistet hat.

4 Rechtsschutz im Beamtenverhältnis

a) Weisungsrecht und Ausführungspflicht

F **Die Pausenaufsicht**

Schulleiter S fordert Lehrerin L auf, die Pausenaufsicht auf dem Schulhof zu übernehmen, da die eingeteilte Kollegin sich nicht wohl fühle. L, die sich schon seit längerer Zeit von S schikaniert fühlt, weist darauf hin, dass sie Bedenken gegen die Rechtmäßigkeit der Anordnung habe, da sie eine willkürliche Ungleichbehandlung darstelle. Sie habe in den vergangenen Wochen mehrmals Aufsicht und Vertretungsunterricht übernehmen müssen, obwohl diese Aufgaben auch anderen Kollegen hätten übertragen werden können. S möge seiner Pflicht zur Gleichbehandlung entsprechend eine andere Kollegin anweisen, die Aufsicht zu übernehmen. S bestätigt seine Anordnung. L weigert sich, die Aufsicht zu übernehmen.

Fallfragen:
- Welche Rechtsgüter sind bei einer Beurteilung des Verhaltens der L abzuwägen?
- Zu welcher Entscheidung über die Rechtmäßigkeit des Verhaltens der L führt die Rechtsgüterabwägung?

Lösung:

Unterstellt man den von L vorgetragenen Sachverhalt als zutreffend, hat der Schulleiter gegen den Anspruch der L auf Gleichbehandlung und auch gegen seine Fürsorgepflicht verstoßen.

Falls L die Aufsicht nicht übernimmt, entstehen Gefahren für die Gesundheit der Schüler. Dass der Schulleiter diesen Gefahren durch die Übertragung der Aufsicht auf eine andere Kollegin begegnen wird, falls L bei ihrer Weigerung bleibt, berührt die Rechtswidrigkeit der Weigerung der L nicht.

Die Abwägung des Anspruchs der L auf eine willkürfreie Gleichbehandlung und des Anspruchs der Schüler auf Abwehr gesundheitlicher Gefahren führt zu einem eindeutigen Vorrang des Anspruchs der Schüler, zumal der Eingriff in die Rechte der L nicht besonders schwerwiegend ist.

Die L muss daher die Weisung ihres Vorgesetzten befolgen. Ihre Weigerung ist rechtswidrig. Der Beamte darf sich grundsätzlich nicht weigern, Anordnungen auszuführen. Der Grundsatz, dass der Beamte Weisungen zu befolgen hat, auch wenn sie ihn in seinen Rechten verletzen, ist einer Regelung, die auf eine Rechtsgüterabwägung im Einzelfall abstellt, vorzuziehen, da sie eine vorläufige, aber klare Entscheidung in Konfliktsituationen trifft, die Funktionsfähigkeit des öffentlichen Dienstes sichert und den in der Schule in der Regel betroffenen Ansprüchen der Schüler Vorrang vor den Ansprüchen der Lehrer verleiht. Diese Regel kann lediglich dann nicht gelten, wenn das dem Beamten aufgetragene Verhalten strafbar oder ordnungswidrig und die Strafbarkeit oder Ordnungswidrigkeit für ihn erkennbar ist oder das ihm aufgetragene Verhalten die Würde des Menschen verletzt (§ 36 Abs. 2 Satz 3 BeamtStG).

Will der Beamte sich gegen dienstliche Weisungen wehren, kann er sich außergerichtlicher und gerichtlicher Rechtsbehelfe bedienen.

b) Außergerichtliche Rechtsbehelfe

Beamte können Anträge und Beschwerden vorbringen. Beide Rechtsbehelfe sind form- und fristlos. Mit einem Antrag will der Beamte erreichen, dass eine bestimmte Maßnahme ergriffen wird, mit einer Beschwerde wendet er sich gegen eine durchgeführte Maßnahme. Will die Lehrerin L im obigen Fall gegen die Weisung, die Aufsicht zu übernehmen, vorgehen, kann sie sich beschweren, ohne an Fristen oder Formen gebunden zu sein. Bei Beschwerden ist der Dienstweg einzuhalten. Lediglich im Falle einer Dienstaufsichtsbeschwerde, die sich gegen das persönliche Verhalten des Vorgesetzten und nicht lediglich gegen den Inhalt einer Weisung richtet, kann der Vorgesetzte übergangen werden.

Die Lehrerin wendet sich nicht lediglich gegen eine unzweckmäßige Weisung, sondern unterstellt eine Schikaneabsicht. Sie kann die Beschwerde daher unmittelbar beim nächsthöheren Vorgesetzten einlegen.

Sie kann sich außerdem mit einer Beschwerde an den Personalrat wenden, ohne an den Dienstweg gebunden zu sein.

c) Gerichtliche Rechtsbehelfe

Wird die Beschwerde der L wegen der ihrer Auffassung nach schikanösen Übertragung der Aufsichtspflicht zurückgewiesen, könnte L erwägen, sich mit einer Klage gegen diese Weisung zu wenden. Das weitere Vorgehen hängt dann von der Rechtsnatur der Weisung ab.

Greift die Weisung tief in eigene Rechte der L ein und verändert sie die rechtliche Position der L gegenüber ihrem Dienstherrn, handelt es sich um einen Verwaltungsakt. Ist die L dagegen lediglich in ihrer Stellung als weisungsgebundener Amtswalter betroffen, hat die Maßnahme keinen Verwaltungsaktscharakter. „Behördeninterne Maßnahmen sind insbesondere … die an einen Beamten allein in seiner Eigenschaft als Amtsträger und Glied der Verwaltung gerichteten, auf organisationsinterne Wirkung zielenden Weisungen des Dienstherrn und die auf die Art und Weise der dienstlichen Verrichtung bezogenen innerorganisatorischen Maßnahmen der Behörde, in deren Organisation der Beamte eingegliedert ist". (BVerwGE 60, S. 144 [BVerwG 22.05.1980 – BVerwG 2 C 30.78] –154, hier: S. 146)

Die Weisung, die Aufsicht auf dem Schulhof zu übernehmen, ist eine innerbehördliche Maßnahme, die die L lediglich in ihrer Stellung als weisungsgebundener Amtswalter betrifft. Es handelt sich daher nicht um einen Verwaltungsakt. Verwaltungsakte sind z. B. die Versetzung, die Genehmigung einer Nebentätigkeit, die Festsetzung des Besoldungsdienstalters oder Disziplinarmaßnahmen. Zu den innerbehördlichen Maßnahmen gehören dagegen beispielsweise die Übernahme der Funktion des Klassenlehrers und die Zuweisung eines Stundenplanes.

Ist eine Maßnahme Verwaltungsakt, kann der Beamte gegen diese Maßnahme mit einer verwaltungsgerichtlichen Klage vorgehen oder den Erlass dieser Maßnahme – z. B. die Genehmigung einer Nebentätigkeit – einklagen. Vor der Klage ist ein Widerspruchsverfahren durchzuführen, das bei belastenden Verwaltungsakten eine aufschiebende Wirkung entfaltet, falls diese nicht gesetzlich ausgeschlossen ist, und für das die gleichen Formen und Fristen gelten wie für Widersprüche der Eltern und Schüler gegen Maßnahmen der Schule. In einigen Ländern ist ein Widerspruchsverfahren vor Klagen gegen bestimmte beamtenrechtliche Maßnahmen nicht mehr vorgeschrieben.

Wendet sich der Beamte gegen eine Maßnahme, die kein Verwaltungsakt ist, die ihn also nicht als eine dem Dienstherrn gegenüber mit eigenen Rechten ausgestattete Person berührt, sondern lediglich eine Konkretisierung seiner Dienstpflichten darstellt, gilt zunächst, dass er gegen diese Maßnahmen nicht klagen kann, sondern auf das Beschwerderecht verwiesen ist.

Wendet man diesen Grundsatz auf den geschilderten Fall an, kommt man zu dem Ergebnis, dass L sich gegen die als schikanös empfundene Weisung, die Aufsicht zu übernehmen, nicht mit einer Klage wehren kann. Dieses Ergebnis ist aber unbefriedigend. Die Zweifel an der Richtigkeit des Ergebnisses verstärken sich noch, wenn man den Fall erweitert und davon ausgeht, dass der Schulleiter fortfährt, L im Gegensatz zu anderen Kollegen immer wieder mit Aufsichtsaufgaben zu betrauen, ihr einen besonders ungünstigen Stundenplan zu geben und sie ausschließlich in besonders schwierigen Klassen einzusetzen. In einem solchen Fall bedarf die L offensichtlich eines stärkeren Schutzes, als ihn das Beschwerderecht bietet. Beamte können daher auch gegen Weisungen klagen, die die Fürsorgepflicht des Dienstherrn verletzen. Außerdem können sie gegen innerbehördliche Maßnahmen klagen, die sie in ihren Grundrechten verletzen.

Während der Bürger gegen Maßnahmen der Schule, die keine Verwaltungsakte sind, klagen kann, ohne ein Vorverfahren durchführen zu müssen, ist der Beamte verpflichtet, vor einer Klage gleich welcher Art Widerspruch einzulegen und ein Vorverfahren durchzuführen, es sei denn, Ausnahmen von dieser Verpflichtung wären gesetzlich vorgesehen. Der Widerspruch gegen innerbehördliche Maßnahmen hat aber keine aufschiebende Wirkung. Das zwingend vorgeschriebene Vorverfahren eröffnet die Möglichkeit, Streitigkeiten zwischen dem Dienstherrn und seinen Beamten beizulegen, bevor es zu einer das Vertrauensverhältnis möglicherweise stark belastenden gerichtlichen Auseinandersetzung kommt.

Die L kann daher gegen die Weisung des S Widerspruch einlegen. Sie muss die Weisung trotz des Widerspruchs unverzüglich ausführen, da der Widerspruch keine aufschiebende Wirkung entfaltet. Wird ihr Widerspruch zurückgewiesen, kann sie mit der Begründung, die schikanösen Weisungen des S verstießen gegen die Fürsorgepflicht, den Klageweg beschreiten.

Waren die Verwaltungsgerichte lange Zeit bei der Gewährung von Rechtsschutz gegen innerbehördliche Maßnahmen zurückhaltend, haben sie den Rechtsschutz in den letzten Jahren begünstigt durch die Vagheit des Begriffs der Fürsorgepflicht und den weiten Anwendungsbereich der Grundrechte sowie durch die Rechtsprechung des Bundesverwaltungsgerichtes ausgeweitet.

Das Bundesverwaltungsgericht geht davon aus (BVerwGE 60, S. 144 [BVerwG 22.05.1980 – BVerwG 2 C 30.78] – 154, hier: S. 148 f.): „Gerichtlicher Rechtsschutz ist auch dann gewährleistet, wenn die öffentliche Gewalt jemanden in anderer Weise als durch einen Verwaltungsakt in seinen Rechten verletzt ...

Maßnahmen, die normalerweise … unanfechtbare oder unüberprüfbare Behördeninterna sind … im Einzelfall sich doch als Verletzung der individuellen Rechtssphäre auswirken und mit dieser Begründung dem Verwaltungsgericht unterbreitet werden … Auch in anderem Zusammenhang hat der erkennende Senat die Frage, ob eine innerbehördliche Organisationsmaßnahme ein Verwaltungsakt sein kann oder nicht, wegen des ohnehin zu gewährenden Rechtsschutzes offen gelassen."

F **Die Notenüberprüfung**

Eine Lehrerin wollte zunächst erreichen, dass die Schulaufsicht davon absieht, die Bewertung der Abiturklausur einer Schülerin zu überprüfen. Nachdem diese Überprüfung erfolgt ist, möchte sie erreichen, dass die Schulaufsicht ihr und den Eltern der Schülerin gegenüber ihr vollstes Vertrauen in die untadelige Amtsführung der Lehrerin erklärt, insbesondere hinsichtlich der einwandfreien Sachlichkeit und Objektivität der Notengebung.

Die Lehrerin macht geltend, die diskriminierend-herabsetzenden Umstände der sachlich nicht gerechtfertigten Präventivkontrolle verletzten sie in ihrem amtsbezogenen Persönlichkeitsrecht. Eine solche Verletzung sei durch die Begleitumstände geschehen, nämlich durch die Überprüfung in einer sie ungerecht diskriminierenden, in ihrem Ansehen als sachlich-objektiv bewertende Pädagogin herabsetzenden, ja geradezu beleidigenden Weise.

Fallfrage:
Stellt die schulaufsichtliche Überprüfung der Leistungsbeurteilung einen Verwaltungsakt dar?
Kann Lehrern ein Anspruch auf Abgabe einer Ehrenerklärung durch die Schulaufsicht zustehen?

Rechtslage:

„Die Ankündigung, die Klausurbewertung schulaufsichtlich zu überprüfen, stellte gegenüber der Lehrerin keinen Verwaltungsakt dar. … Eine Anweisung an eine Lehrerin, Klausurbewertungen durch den Schulleiter oder die Schulaufsicht überprüfen zu lassen, ist für sich genommen kein Verwaltungsakt, sondern eine innerdienstliche Weisung. Daran ändert sich nichts, wenn die Begleitumstände aus Sicht der Lehrerin diskriminierend sind. ...

Die beamtenrechtliche Fürsorgepflicht verbietet es dem Dienstherrn, einen Beamten durch Kritik an seiner Amtsführung gegenüber Dritten ohne rechtfertigenden Grund bloßzustellen. Das gilt sowohl für nachteilige Tatsachenbehauptungen als auch für missbilligende Werturteile. Im Fall unzulässiger Kritik nach außen kann der Beamte als Erfüllung der noch möglichen Fürsorge beanspruchen, dass der Dienstherr die Ansehensbeeinträchtigung für die Zukunft durch eine geeignete, nach Form und Adressatenkreis der beeinträchtigenden Äußerung entsprechende Erklärung ausräumt."(OVG Hamburg, Az.: 1 Bs 121/14; SchulRecht 3-4/2015, S. 43 ff.)

Ein Anspruch des Beamten auf Abgabe einer Ehrenerklärung durch den Dienstherrn kann aber in aller Regel nur durch ein Urteil eines Verwaltungsgerichts und nicht mit einer einstweiligen Anordnung im Verfahren des vorläufigen Rechtsschutzes durchgesetzt werden. Sollte ein Gericht im Verfahren des einstweiligen Rechtsschutzes den Dienstherrn zunächst zur Abgabe einer derartigen Erklärung verpflichten, dann aber in einem anschließenden Urteilsverfahren feststellen, dass der Anspruch nicht besteht, ist es schwer vorstellbar, wie die Erklärung dann zurückgenommen werden soll, ohne dass gerade diese Rücknahme für den Beamten einen negativen Effekt hat. (OVG Hamburg, a.a.O.)

Sollte der Beamte allerdings nicht die Abgabe einer Ehrenerklärung, sondern das Unterlassen der Wiederholung einer als kränkend empfundenen Äußerung fordern, könnte er das im Wege des einstweiligen Rechtsschutzes tun. (OVG Hamburg, a.a.O.)

d) Pädagogische Freiheit und Klagebefugnis

Von der in der Rechtsprechung umstrittenen Frage, ob die pädagogische Freiheit Lehrern ein individuelles Recht verleiht, das durch Weisungen Vorgesetzter verletzt werden kann, hängt die Zulässigkeit von Klagen gegen dienstliche Weisungen, z. B. bei der Änderung einer Note durch die Schulaufsicht oder bei der Aufhebung einer erzieherischen Maßnahme, ab.

F Die Notenänderung
Eine Lehrerin klagt auf Feststellung der Rechtswidrigkeit der Abänderung einer von ihr erteilten Note durch die Schulaufsicht.

Rechtslage:

Das Oberverwaltungsgericht Münster weist die Klage als unzulässig ab *(→ Az.: 19 A 2649/87; SPE 480 Nr. 12, S. 8–10):* „Die Klägerin hat kein berechtigtes Interesse an der begehrten Feststellung; sie ist nicht Inhaberin eines (gegebenenfalls einklagbaren) individuellen, ihr als privatem Rechtssubjekt zustehenden Rechts, das ohne diese Feststellung verletzt oder gefährdet sein könnte. Die streitige Aufsichtsmaßnahme der oberen Schulaufsichtsbehörde greift lediglich in eine Position ein, die der Klägerin als Reflex des von ihr wahrgenommenen Amtes einer Lehrerin an einer öffentlichen Schule zukommt. (a.a.O., S. 8)

Die Notwendigkeit einer möglichst effektiven, auch den angesprochenen Bereich pädagogischer Freiheit erfassenden Aufsicht ist eine im Rechtsstaat notwendige Folge der allgemeinen Schulpflicht und weitgehenden Monopolisierung des Schulwesens in staatlicher Hand … Staatlich verordneter Unterricht und Erziehung in öffentlichen Schulen stellen ein außergewöhnlich umfassendes und tiefgreifendes Einwirken des Staates auf die davon betroffenen Staatsbürger – noch dazu auf die minderjährigen – dar, umfassender, tiefgreifender und folgenreicher als die Wahrnehmung vieler anderer Staatsaufgaben.

Dieser weitgehende Eingriff verträgt sich in einem Rechtsstaat nicht mit einem der Kontrolle durch andere (staatliche) Organe entzogenen Freiraum für den einzelnen Lehrer … (Aus der Schulbesuchspflicht, d. Verf.) ergibt sich die Notwendigkeit, … zu gewährleisten, dass möglichst einheitliche Standards gelten und damit Chancengleichheit im schulischen Unterrichts- und Erziehungsprozess besteht. (a.a.O., S. 9) (Die pädagogische Freiheit, d. Verf.) ist dem Lehrer nicht um seiner selbst willen gegeben, sondern allein um der Jugend (Schüler) willen, deren verantwortungsvolle und -bewusste Unterrichtung und Erziehung ihm anvertraut sind; sie soll die situations- und persönlichkeits- sowie schulklassenangepasste, kindgerechte Erfüllung der Erziehungsaufgabe als Prozess menschlicher Begegnung sichern.

Daraus folgt, dass sie nicht im Status des Lehrers wurzelt, sondern ausschließlich in seiner Funktion; sie ist allein dem ausgeübten Amt zugeordnet und damit im Kern keine private, sondern lediglich auf den Schulzweck und somit auf das Interesse der Schüler bezogene Freiheit mit gleichsam fiduziarischem Charakter … die an die Funktion bzw. das Amt anknüpfende Betroffenheit ist nicht der Individualsphäre zugeordnet, aus der heraus allein ein eigenständiges Klagerecht begründet werden könnte." (a.a.O., S. 10)

Die Gegenposition zur Auffassung des OVG Münster weist darauf hin: „Nach der neueren Rechtsprechung des Bundesverwaltungsgerichtes sind auch innerorganisatorische Maßnahmen einer Behörde, die sich an einen Beamten in seiner Eigenschaft als Amtsträger und Glied der Verwaltung richten, grundsätzlich der verwaltungsgerichtlichen Kontrolle zugänglich." *(VG Berlin, → Az.: VG 7 A 120.86; SPE 480 Nr. 1)*

Im Sinne einer Anerkennung der pädagogischen Freiheit als subjektives Abwehrrecht der Lehrer in den Fällen, in denen die Landesschulgesetze kein uneingeschränktes schulaufsichtliches Weisungsrecht vorsehen, sondern entweder keine abschließende Regelung treffen oder das Weisungsrecht der Schulaufsicht begrenzen, z. B. durch eine Zumutbarkeitsklausel, argumentiert Niehues *(→ RdNr. 518)*: „Denn den für die optimale Erfüllung der schulischen Bildungs- und Erziehungsziele notwendigen Freiraum kann es in Wahrheit nur geben, wenn er im Konfliktfall von demjenigen zu verteidigen ist, der ihn mit seinem persönlichen Engagement ausfüllen soll."

Hinweise zur schulrechtlichen Literatur

Avenarius, Hermann/Füssel, Hans-Peter: Schulrecht. 8. neubearbeitete Aufl., Carl Link, Köln/Kronach 2010
Dieses Standardwerk des Schulrechts bietet einen ausführlichen Überblick über die bundesweiten Grundlagen des Schulrechts in einer auch juristischen Laien verständlichen Sprache. Die schulrechtliche Literatur und Rechtsprechung sowie Besonderheiten der Länderregelungen sind umfassend aufgearbeitet und in Fußnoten nachgewiesen.

Böhm, Thomas (Hrsg.): SchulRecht. Informationsdienst für Schulleitung und Schulaufsicht. 6mal jährlich, Carl Link, Köln/Kronach
Die Zeitschrift berichtet über aktuelle Gerichtsentscheidungen zum Schulrecht, die erläutert und mit den für die schulische Praxis wichtigen Aussagen wiedergegeben werden. Jede Ausgabe enthält zudem einen schulrechtlichen Fachartikel, eine Beantwortung von Leserfragen („Ratgeber Praxis") und aktuelle bildungspolitische Nachrichten aus Bund und Ländern.

Böhm, Thomas: Aufsicht und Haftung in der Schule. 4. überarbeitete Aufl., Carl Link, Köln/Kronach 2011
Die Anforderungen an eine sichere Aufsicht und Haftungsfragen werden umfassend anhand von Fällen, Beispielen und Zitaten aus der Rechtsprechung dargestellt.

Böhm, Thomas: Erziehungs- und Ordnungsmaßnahmen in der Schule. 4. überarbeitete Aufl., Carl Link, Köln/Kronach 2010
Systematisch und praxisnah werden an zahlreichen Fallbeispielen aus der Rechtsprechung die rechtlich relevanten Aspekte des Themas erörtert.

Böhm, Thomas (Hrsg.): Ergänzbare Sammlung schul- und prüfungsrechtlicher Entscheidungen (SPE) 3. Folge. (Loseblattwerk mit CD-ROM bzw. Onlinewerk). Carl Link, Köln/Kronach
Das Loseblattwerk bietet auf mehreren tausend Seiten Gerichtsentscheidungen zum Schulrecht und universitären Prüfungsrecht seit 1954 im Leitsatz und aktuelle Entscheidungen im Volltext. CD-ROM und Onlinewerk enthalten alle Entscheidungen im Volltext.

Hoegg, Günther: SchulRecht!. 4. Aufl., Beltz, Weinheim 2010
Die bundesweiten schulrechtlichen Grundlagen und Handlungsfelder werden in dieser Einführung in das Schulrecht unabhängig von der Rechtslage einzelner Bundesländer dargestellt.

Niehues, Norbert/Rux, Johannes.: Schulrecht. 5. Aufl., Beck, München 2013
Die Lektüre erfordert schulrechtliche Grundkenntnisse. Grundlegende schulrechtliche Fragen werden unter Berücksichtigung der juristischen Literatur und der Rechtsprechung erörtert.

Staupe, Jürgen: Schulrecht von A-Z. 6. Aufl., dtv, München 2007
Die wichtigsten schulrechtlichen Begriffe werden mit Hinweisen auf die Länderregelungen, die Literatur und Rechtsprechung erläutert.

Abkürzungsverzeichnis

a. A.	anderer Auffassung
a.a.O.	am angegebenen Ort
ADO	Allgemeine Dienstordnung
Az	Aktenzeichen
Bay	Bayern
BayEUG	Bayerisches Gesetz über das Erziehungs- und Unterrichtswesen
BBG	Bundesbeamtengesetz
BbgSchulG	Brandenburgisches Schulgesetz
BeamtStG	Beamtenstatusgesetz
BeamtVG	Beamtenversorgungsgesetz
BGB	Bürgerliches Gesetzbuch
BGH	Bundesgerichtshof
BGHZ	Entscheidungen des BGH in Zivilsachen
Brem	Bremen
BRRG	Beamtenrechtsrahmengesetz
BSG	Bundessozialgericht
BSGE	Entscheidungen des Bundessozialgerichts
BT-Drucks.	Bundestagsdrucksache
BVerfG	Bundesverfassungsgericht
BVerfGE	Sammlung der Entscheidungen des BVerfG
BVerwG	Bundesverwaltungsgericht
BVerwGE	Sammlung der Entscheidungen des BVerwG
BW	Baden-Württemberg
d. Verf.	der Verfasser
Gema	Gesellschaft für musikalische Aufführungs- und mechanische Vervielfältigungsrechte
GG	Grundgesetz
Hess	Hessen
Hrsg.	Herausgeber
i.V.m.	in Verbindung mit
KMK	Ständige Konferenz der Kultusminister der Länder in der Bundesrepublik Deutschland
KMK BeschlS.	Sammlung der Beschlüsse der KMK
LAG	Landesarbeitsgericht
LBG	Landesbeamtengesetz
LDO	Lehrerdienstordnung
LG	Landesgericht

LV	Landesverfassung
LVG	Landesverfassungsgericht
NJW	Neue Juristische Wochenschrift
NSchG	Niedersächsisches Schulgesetz
NRW	Nordrhein-Westfalen
OVG	Oberverwaltungsgericht
PSchG	Privatschulgesetz
RdNr.	Randnummer
RVO	Reichsversicherungsordnung
SchG	Schulgesetz
SchlH	Schleswig-Holstein
SchMG	Schulmitwirkungsgesetz
SchOG	Schulordnungsgesetz
SchulG	Schulgesetz
SchuR	SchulRecht Informationsdienst
SchVerfG	Schulverfassungsgesetz
SchVG	Schulverwaltungsgesetz
SGB	Sozialgesetzbuch
SPE	Sammlung schul- und prüfungsrechtlicher Entscheidungen
SPE a. F.; n. F.; 3. F.	SPE alte Folge; neue Folge (ab 1985); 3. Folge (ab 2000)
SRG	Schulreformgesetz
StGB	Strafgesetzbuch
UrhG	Urheberrechtsgesetz
VG	Verwaltungsgericht
VGH	Verwaltungsgerichtshof
VO	Verordnung
VwGO	Verwaltungsgerichtsordnung
VwVfG	Verwaltungsverfahrensgesetz

Stichwortverzeichnis

Zum Autor

Dr. Thomas Böhm studierte Rechtswissenschaft, Anglistik und Pädagogik für das Lehramt Sekundarstufe II in Bonn und Bochum. Er ist als Dozent für Schulrecht und Rechtskunde am Institut für Lehrerfortbildung in Essen-Werden tätig, Herausgeber der Zeitschrift „SchulRecht“ sowie Autor und Bearbeiter zahlreicher Publikationen.